律師、外科醫師、程式設計師……很快就要退場？
趨勢專家談大數據與人工智慧如何「轉型」未來

未來職場

AI 時代下的「高危」職業！
模擬 2050 的上班族

✿ 若機器連口音都能即時分辨，人工翻譯還剩下哪些價值？
✿ 永遠不會半道棄坑的 AI 小說家，是否即將取代真人寫作？
✿ 不是英語是「嬰語」，電腦能真實呈現孩子的內心世界？

身處資訊大爆炸時期，機器學習的速度呈指數級成長，
曾經被視為鐵飯碗的職業，竟淪為被第一批淘汰的對象？

鄭軍——著

AI 很快會變得比人類更加人性化，但是不用慌！
從產業分析到科技運用，本書用「保母級教程」帶你適應未來！

目錄

引言　你的遠方

世界上有人能穿越時空嗎？有，我就是！

我來自的那個時空，農民駕著馬車進城拉糞肥，城裡人則要去農村採集冰塊補給冷凍庫。如果他們趕路渴了，會在路邊喝一碗大碗茶。

在那個時空，國文試卷裡有道題目，叫做「寫電報稿」，要大家用最少的字數表達意思。後來我真的發過一次電報，印象中每個字是一元。按此推算，如今，你使用手機每天就要花掉幾千元。

當時，有些學校還要考核珠算技能，而且設置了級別。人們每走到一個辦公場所，都對算盤聲充耳不聞。

我生活在當時的全國第三大城市，而不是偏遠鄉村。偌大城市沒幾棟高層建築。偶爾坐一次電梯時，我得告訴電梯管理員自己要去哪個樓層，由他去按按鈕。而在廣大的鄉村，會有人擔任電話值班員。他們守在公用電話旁，接到電話後馬上去找人來接。我撥過這種電話，沒有一次能找到人。

送我過來的時間機器名叫「人生」。除了我，它還載過成千上萬的人。如今它也載上你，和我去同一個地方 —— 未來。這本書裡，我要談談在那個遠方會出現什麼新職業，又有哪些工作要成為歷史。

　　讀完全書之後，讀者可能會覺得不過癮，因為我沒勾勒出這些職業的細節。是的，我確實沒有能力預想出它們的全貌，那需要你我一起努力。未來是開放的，所有人都能參與，這才是它的魅力。

　　幾十年後，本書的很多預想也許會落空。未來是由我們今天的所有人共同設計的，本書只是我的那份藍圖。不過，無論何時，我們都要對未來有所預期，有所行動，這個主題永遠不會過時。

第一章　與健康有關的職業

── 新時代醫療：從基因解碼到防疫最前線

新冠疫情讓人們再次領悟到一個簡單的道理 ── 什麼都不如健康重要。失去它，不光是個人生活受到威脅，經濟活動和社會進程也失去了基礎。

所以，我把與健康有關的職業變遷放在了首位。

01 人體修復師

藥物和手術，這是現代醫學的兩大法寶。依靠它們，人類已經把平均壽命延長了幾十年。很快，醫學將迎來第三大法寶，它叫組織工程技術。簡單來說，就是用人工材料製造身體零件，在病人需要時予以替換。

更換人體零件？其實，目前就有類似的技術 —— 器官移植。不過，合法的器官移植需要死者生前自願捐獻，來源稀少。比如，全球角膜病致盲患者約 6,000 萬人，每年還新增約 45 萬人。都靠死者捐獻的話，絕大部分患者盼不到能移植的角膜。

即使在美國這樣的已開發國家，在每一個獲得腎移植的病人背後，就有 13 個病人因為得不到腎源而死亡。來源稀少的話，成本就非常高，還引發了很多社會問題，包括助長了特定的犯罪行為。偷摘屍體器官、騙捐、拐賣兒童摘取器官等，這些犯罪都已見諸報端。從貧窮國家偷竊器官賣給已開發國家，更是廣泛存在的國際犯罪鏈。

器官移植還要考慮排斥反應，比如皮膚就只能自體移植。通常是從患者大腿和臀部這些隱蔽處取皮膚，移植到臉部、頸部這些裸露處。所以，治療時也會造成新創傷。

最好的解決辦法，莫過於在流水線上大量製造人體器

官。現在，這類技術還處於試驗階段，製造出來的器官可能較為笨重，還不能放入人體裡面。比如，現在已經有穿戴式的人工腎臟，使用它，尿毒症患者不用再經常去透析，但還是需要將其穿戴在腰間。

另外，經過驗證，有些人造器官具有類似天然器官的功能，但還沒有進行人體試驗，暫時還不能應用於臨床，比如人造肝臟和人造血管。

但是，隨著新材料和3D列印技術紛紛運用於人造器官，會讓它們更小巧、穩定，最終能夠大量應用於醫療。

屆時，青壯年患了重症，就不再需要從活體上移植，避免了很多道德和法律問題。人們衰老後，也可以透過不斷更換器官來維持活力。有些疑難雜症更是需要組織工程來解決。比如白癜風，除了更換皮膚外，目前還沒有更好的解決辦法。

最終，就像電影《艾莉塔：戰鬥天使》描寫的那樣，我們除了腦，其他部分都可以由人造物體來更換。甚至，我們不僅能因此而長壽，還會變得更強大。

20多年後，成熟的組織工程將形成龐大的產業，很多醫生要改行成「人體修復師」。他們會先評估患者是否需要人造器官，然後從流水線上便宜地獲取，最後裝在病人身上。

02 行動醫生

1984 年，菲利浦斯發明了「紅外線額溫槍」。這一新事物出現在日本電影《感染列島》和美國電影《傳染病》裡面，當時大部分觀眾還不知道它是什麼。如今，這種額溫槍非常常見，在大街小巷的藥局裡都有出售。

類似的攜帶式檢測設備已經層出不窮，這標誌著一套全新的醫療體系已經誕生，那就是行動醫療。

古代並沒有「醫院」這類固定地點，絕大部分醫生是個人經營，上門為患者服務。在這個過程中，他們了解了病人的職業情況、生活方式和社會關係等。所以，各民族的古代醫學都不僅僅針對生理問題，還涉及生活方式。

這當然是個優點，但它抵消不了傳統醫學的致命缺陷 —— 沒有科學檢測儀器，只能靠經驗判斷，非常不準確。而且因為沒有醫療設備，只能靠草藥、按摩等方法治療，效果往往很差。現代醫學在檢測和治療上發明出大量儀器設備，從某種意義上來說取代了傳統醫學。

然而，有了這些設備後，還需要把它們集中使用。特別是電力系統出現後，可以為新出現的醫療設備集中供電，醫院開始建立與普及起來。

與傳統醫療相比，使用科學設備後的效率當然提升了一

大截。但是病人就需要離家就醫，產生多種不便的同時，醫院也會成為新的「傳染源」。

　　更大的問題是，醫生只能接收已發病的患者，失去了觀察患者日常生活的機會。這使得醫生只能檢測生理變化，僅能解決生理問題，從而導致現代醫學偏向醫藥、偏向手術，而缺乏人文關懷。

　　行動醫療把古代和現代兩種體系的優點綜合起來，而它依靠的就是類似額溫槍這種遙測、便捷、小型化的檢測手段。

　　最初，小型檢測儀器主要用於現場急救，經過搶救的病人還是需要送到醫院治療。隨著醫療設備進一步小型化，特別是大數據和智慧型手機的廣泛應用以後，它們也用於日常生理檢測，而且醫療設備開始傻瓜化，由專業醫生簡單指導後，普通人自己在家就能操作。

　　如今，人們可以在家測量血壓，也能在手機上看到心電圖，透過檢測我們還能知道每天的睡眠品質。酒精檢測可以彙整到手機上，隨時了解飲酒有沒有過量，而血糖檢測則會在進食過量時發出警示。

　　有一位美國專家把個人檢測發展到了極致，不僅有心率、血壓、血氧量這些常規指標，他還檢測各種蛋白和微量元素的水準，總計幾十項之多。

　　除了生理檢測，行為監測也可以反映健康狀況，我們都

熟悉的計步器就是一例。人在得流感後會減少外出，行為方式發生規律性變化，有一種手機應用程式就可以透過這些變化估測一個人是否罹患流感，而不需要對他進行生理檢測。

　　和現在社會需要大量的外送員一樣，未來的社會需要大量的行動醫生。他們的主要任務不是看病，而是教人們如何了解自己的身體，養成健康的生活方式。社會資源也會由治療病人轉向預防疾病和保健，「不治已病治未病」的理想將透過行動醫生得以實現。

03　睡眠治療師

　　在缺少醫藥資源的傳統社會，很多疾病得不到相應的治療，但在當時很少有人失眠。沒有電，更沒有電視、電腦、網路，加上白天要承受繁重的體力工作，往往天一黑，人們就累得沉沉睡去。

　　1980 年代末，筆者到山區做社會調查，傍晚路過一個還沒通電的山村，周圍不僅沒有光線，沒有人聲，連狗都不叫。直到迎面有人影晃動，才意識到自己已進了村。現在想來，在那種環境下，人們除了睡覺，也沒有別的事做。

　　睡眠障礙是典型的現代病，而且越來越嚴重，包括夜驚、嗜睡、夢遊、早醒等，其中患有失眠的人數居首位，所以人們提到睡眠障礙，通常指的就是失眠。

　　幾十年前，失眠還屬於「知識分子病」，因為很多人覺得只有知識分子才會用腦過度，導致失眠。到了現在，體力工作的範圍大大地縮小，家務事對體力的消耗也遠不如從前。過去一餐飯要煮兩個小時，出門只能騎車或者步行，如今人們提到「工作壓力大」，主要是指精神緊張，而不是人體消耗多少卡路里。所以，很多人被失眠困擾著。另外，噪音汙染、光汙染和大量飲酒都會導致睡眠障礙。

　　目前，睡眠障礙還屬於神經科的範疇。在神經內科的問

診量中，睡眠障礙占第二位，僅次於頭痛。然而，人們通常在睡眠障礙發展到很嚴重時才看醫生。所以，在普通人當中患有睡眠障礙的人數所占比例極高。據世界衛生組織統計，全球約 27% 的人患有睡眠障礙。

而且有資料表明，1990 年至 2001 年出生的年輕人中至少有 84% 的人有睡眠問題。電子產品的濫用和過量的夜生活都在人為地延後睡眠時間，但是很多人覺得自己還年輕，常常對此不以為然。其實，人類睡眠的目的不僅僅是使身體得到休息。白天人體收集零散資訊，進入睡眠後大腦會進行「後臺整理」，所以睡眠能促進長期記憶。另外，人在睡眠期間會釋放更多的生長素，所以如果缺乏睡眠，青少年的身體發育會受到一定程度的影響。

人類的睡眠問題在近幾十年開始加劇，並促成了一個與睡眠相關的產業鏈，包括舒眠枕頭、安眠保健品、助眠應用程式等。不過，這些大部分只是安慰劑，沒有實效。而安眠藥確實有效，但是副作用大，尤其不適合年輕人使用。

褪黑激素可以調節睡眠，所以有些人選擇服用褪黑激素來改善睡眠。但是外服的褪黑激素很難被人體吸收，如果加大其用量，還會導致身體不適。

人們逐漸認識到睡眠障礙產生的危害，而且這些問題單靠藥物並不能有效解決，所以未來睡眠醫生會從神經科獨立出來，成為一個熱門行業。

　　睡眠障礙主要藉由行為治療。由於產生睡眠障礙的原因很多，睡眠醫生要先深入患者生活，了解具體是什麼原因在影響睡眠。然後，他們會幫助患者重新安排作息時間，養成好習慣，並輔以藥物或保健品。一個睡眠治療師通常為幾個、十幾個人服務，直到他們養成良好的睡眠習慣為止。

04 智慧紋身師

　　過去，人類製造出義肢、助聽器、眼鏡和假牙，用來彌補身體功能的缺失。後來又進步到往體內植入人造器官。現在，有些人已經不滿足因此。他們要往本來健康的身體裡植入一些東西，好讓自己的體能超越普通人，這就叫「人類增強技術」（Human Enhancement）。這個詞原本是醫學術語，是指用技術來恢復損失的身體機能。早期的植入物包括人造關節、人造心臟等，其功能都不如天然器官。所以，不會有哪個健康人故意往體內植入它們。

　　但是從 1990 年代開始，人造植入物的功能逐漸勝過天然器官。原來不能植入的設備比如特殊晶片，也縮小到可以植入。於是，「人類增強技術」的含義變了樣，指為了非醫學目標來增強人體能力。

　　有位知名直播平臺的創始人李學凌，就植入了身體指標監測晶片，以便隨時了解與身體功能相關的資料。約有 4,000 名瑞典人在食指裡植入密碼晶片，輕輕一碰，就能打開自家的各種鎖。除非盜賊切掉主人的食指，否則永遠得不到入戶鑰匙。

　　還有更為神奇的植入物。比如，有人在皮下植入微型發光二極體。當附近磁場達到一定的強度後，這塊皮膚就會發

亮,提示有強磁場。還有人植入方位指示器,面朝北方時,指示器就會在皮下振動。

有一種無線硬碟,植入者可以隨身攜帶並用它下載電腦中的資料。當然,一般人不需要這種東西,但是對從事間諜活動或者需要轉移商業機密的人來說,這就是安全保障。還有人研究眼部植入物,為的是能看到紅外線或者紫外線,就像電影《終極戰士》裡面的外星人一樣。

在這個領域最激進的人則希望植入晶片來改造大腦。論接收資訊和加工資訊的速度,我們的腦和 100 多年前的人腦完全一樣,但是電腦才誕生 70 多年,其運算速度已經加快了萬億倍。所以,一些人想讓人類大腦的資訊處理速度也跟上電腦。

這些高階技術和紋身有什麼關係呢?想植入這些小東西的人一般都很健康,所以專業醫生不會提供這種服務,會由紋身師和穿耳師完成。

目前,能植入的晶片只有米粒那麼大,一般情況下大多植入食指或者虎口處,形成的創口很小,甚至植入時也沒有痛感。當然,以後可能會植入更大、更複雜的零件,位置也不限於手,很可能是後背、腳跟之類皮膚厚實的地方。除了那種能提升人腦的資訊處理速度的晶片較為專業外,其他都可以由紋身師完成。

一聽說要把人造物植入身體,很多有技術恐懼症的人便

會感到害怕。但也有相反的一群人，他們了解那些植入物的性質後，反而會追求這種植入。隨著教育水準的提高，這群人的規模會越來越大，現在的法律也沒有禁止對健康人體進行植入。

據說，國外有的紋身師每週能做 5 單的晶片植入。預計在將來，智慧植入會成為一個獨立行業，並且很熱門。

05 基因定序員

2020 年初，塵封 28 年的某醫學院女生被殺案宣布偵破，警方用 DNA 技術鎖定犯罪嫌疑人。這個案件之所以遲遲不能破案，很大程度上也是因為 DNA 技術還不成熟。

而這個轉變來自 1990 年啟動的人類基因組計畫，那是第一次對人類基因進行定序。多個國家共投入 30 億美元，還有大量科學研究人員進行合作，直到 2001 年才完成任務。

從那以後，基因定序的成本迅速降低，到了現在只有每次 5,000 元起左右。基因定序技術成熟後很快進入眾多領域。刑事偵查自然也不例外，近些年，DNA 比對已經成為常規偵察手段。新冠疫情當中廣泛使用的核酸檢測也是基因定序的一種。透過它，世界各國才能及時掌握新冠病毒的傳播途徑。

隨著門檻的下降，基因定序在生物學領域開始大規模運用。世界上的生物種類約有 870 萬種，已經發現並記錄在冊的約有 120 萬種。也就是說，至少有 120 萬種生物的基因可供人類檢測。以前，生物學家透過觀察生物的外部性狀了解生物，現在很多科學研究人員紛紛轉而去檢測生物的基因，試圖從根本上了解某種生物的生長機制，以及其應用價值。

研究古人類是基因定序的又一個運用方向。美國的一項

研究顯示，世界上有 1,000 多萬人是成吉思汗的後代。中國的研究也顯示，擁有 F115 基因的劉姓人氏都是劉邦的後代。這種靠基因檢測祖先的服務，預計會越來越興旺。

當然，這種研究的目標不是要製作家譜，而是更多地了解古人類遷徙與融合的過程。比如，我們的祖先到底來自哪裡？目前，基因定序的結果指向的是非洲。

基因定序也發展成為新興的醫療服務行業，甚至在醫院之外，已經存在高級會所式的基因定序機構。顧客在那裡留下血液或者唾液，支付 5,000 元起不等的費用，很快就能得到結果。目前，這種基因定序主要用於遺傳疾病的篩查。

美國影星安潔莉娜・裘莉透過基因定序，查出自己有患乳腺癌的風險，所以在沒有發病的情況下切除了乳房。這是基因定序行業發展中的著名案例。

現在，透過基因查出隱患，還只能以預防為主。等未來基因療法成熟後，遺傳病能夠透過基因重組進行治療，可以大大減少藥物和手術的使用。到了那時，會有更多的人，甚至絕大部分的人都願意做基因定序，成本也會降到一頓飯的價格。這個市場正在迅速膨脹。即使不是為了防病、治病，基因定序的運用也會加強人對自身的了解。

未來，每個人都會有基因身分證。它完全無法偽造，甚至不必有實物，人們把手指放到檢測儀器上，就能出現個人身分資訊。諸如指紋、掌紋、虹膜這些生物資訊。

　　那時候，我們的身體就是行走的身分證。

　　所有這一切，都建立在大量基因定序的基礎上。所以，我鄭重向你推薦這個有前途的職業。

06　海上防疫員

在新冠肺炎流行期間發生過兩個小插曲。一是各國郵輪紛紛被禁止入港，只能在海上漂流，有些船隻因此暴發感染。二是美國的兩艘海軍醫療船投入防疫，卻沒有發揮任何作用。

把這兩條新聞放到一起看，會給人留下船隻是防疫缺口的印象。其實，使用逆向思考後你會發現，船隻恰恰是防疫的關鍵設備。它既能徹底隔離病人，又擁有機動性。只不過不能靠現在的這些船，必須專門打造防疫船。

美國的軍用醫療船在防疫中無法發揮作用，原因在於這種船以收治戰場傷患為主，並非針對傳染病建造，沒有負壓隔離艙室。郵輪上的人之所以大範圍感染，在於使用中央空調。對於這兩個技術缺點，設計專業的防疫船時就可以避免。

如今，約30％的人類住在海岸線60公里內，約60％的人類住在海岸線100公里內，全球GDP（國內生產毛額）最高的十大城市，有八座在海邊。這意味著擁有直升機平臺的專業防疫船可以調往世界各地，在傳染病暴發時能「應收盡收」，徹底控制疫情。

專業防疫船的設計可以參考中國海軍的「岱山島」號，這是全球最大的專業醫療船。船體完全為了醫療目的而設

計，而不是像美軍醫療船那樣，改裝自其他船隻。這艘船擁有運輸病人的直升機機位、吊籃、特製電梯等專門設備。

「岱山島」號的正常排水量將近 14,000 噸，擁有 300 多個床位，其中有 10 間隔離病房。由於還不是專業防疫船，設置的科室較為全面。如果完全為了防疫目標而製造一艘船的話，即使是同樣噸位，因為功能單一，床位的數量還可以再增加。

「岱山島」號下水後便周遊列國，也為一些貧困國家提供醫療服務，所以又被媒體稱為「和平方舟」。未來的專業防疫船與此類似，它們下水後便遊走於海洋間，奔赴各方執行任務。如果在某個沿海國家出現疫情，全球的防疫船能立刻集中起來，並控制疫情，因為機動性是防疫船最大的優勢。

直到現在，各國都沒有製造出專業的防疫船。不是缺乏技術，而是沒有意識到傳染病對人類社會能產生巨大的破壞力，而且製造並維護這樣一批船隊的成本肯定很高。然而，新冠肺炎疫情的全球暴發充分說明了，各國為了切斷傳染病傳播途徑所付出的社會成本，遠遠高於裝備和維護一批專業防疫船隊。

現在的海軍醫療船沒有常備醫生，執行任務時要從陸地醫院抽調醫護。未來的專業防疫船會常駐一批特種兵式的防疫人員，隨船前往世界各地應對傳染病。他們就是專業的海上防疫員，是全人類的抗疫戰士。

07 精神病醫生

很多地方都有精神病院,「精神病醫生」 也算是新職業嗎?

其實,現在的精神病學還不能準確地診斷出精神病,更不能根治精神病,頂多只能用藥物緩解精神病的症狀。精神科醫生的主要職能是監護病人,防止意外。嚴格來講,只是精神病人的看護員。我這裡說的精神病醫生,是指能像治療感冒、腹瀉那樣,能對精神病作出治療的醫生。

精神疾病不同於心理疾病,一般認為它們都由生理病變造成。然而,精神疾病的致病機理目前仍不清楚。現在的精神科醫生只能透過與病人談話,或者觀察病人的行為,判斷其是否患有精神病,處於「望聞問切」階段。其他科醫生使用的生理檢測,目前對於精神病並沒有什麼用處。

對精神病的生理研究長期滯後,主要受限於它的特殊性。如果用實驗動物做研究,研究人員可以發現動物的神經系統發生了哪些病變,但卻無法得知這些動物的主觀感受是什麼。如果研究精神病人可以在談話中了解他們主觀世界的變化,但是又不能隨便檢查他們的大腦。至於腦電圖檢查,雖然對神經科有用,但對精神病的診斷作用卻很有限。

還有一種研究途徑,就是當精神病人去世後,解剖他們

的神經系統，看看和正常人有什麼不同。目前已經用這些方法確認出一些與精神症狀對應的生理異常。但是還不能解答一個問題，病人是先有精神症狀，導致生理異常，還是先有生理異常，後表現出症狀？這需要在病人發病時檢查他們的大腦，但顯然這種方法行不通。

正因為這些局限，在精神病學領域累積的很多症狀很難找到病因，更無法對症下藥。現有的精神藥物多半只用於緩解症狀，由於副作用大，經常遭到病人抵制。其他還有腦白質切除術、電擊治療等方法，因為痛苦且不人道，作用不明顯，已經被禁止。

即使出現了精神病症狀，精神科醫生也只能憑經驗檢查，不同的醫生對於同一個病人可能會作出不同的判斷，準確率有時很低。

所以，精神病院更像是護理機構。透過集中管理精神病人，減少社會負擔。不過，隨著核磁共振、近紅外光譜分析技術等這些非侵入式檢查技術的提升，醫學界離找到精神疾病生理原因的時刻已經不遠。

未來，精神病人也會像其他病人一樣，透過儀器精密的檢查而得以確診。至於治療，也可以使用非藥物、非侵入式的方法。例如，英國牛津大學和倫敦大學的研究組使用「穿顱隨機雜訊刺激術」，對 25 名測試人員的大腦進行輕微電擊，以運算功能區為目標。結果，他們的運算能力明顯高於

對照組，效果可以保持半年之久。這類技術可以用於治療老年痴呆和中風患者。

數學運算幾乎是最複雜的認知能力，能用物理手段提升這種能力，就有希望強化其他能力。最終，醫生就能治療智力低下等先天的精神疾病。

到了那時，真正治病的精神科醫生才算誕生。

08　癌症護理師

　　人們長期談癌色變。得了癌症就像被判了死刑，如果有人檢查出惡性程度高的癌症後又能存活幾年，往往會被稱為「抗癌英雄」。筆者就有這樣的朋友，他還接受了電視臺的採訪，但最後仍不幸離世。

　　當然，也有人透過與癌症病魔抗爭延長了生存時間，但是要經歷痛苦的化學治療或者放射治療，這個過程會導致脫髮、不育、生活品質下降。

　　然而不知不覺間，我們的周圍也有了很多癌症康復的患者。他們不僅能夠存活，還能回到工作職位。如果沒有說明，別人都不知道他們罹患過癌症。更有人指出，幾十年後癌症將成為慢性病，絕大部分癌症病人都會康復。

　　大規模治癒癌症不是靠某種特效藥，而是靠醫療技術水準的整體提高，所以沒有那麼戲劇性，反而這個過程是「潤物細無聲」的。

　　首先要歸功於早期診斷水準的提高。癌症患者在早期往往沒有主觀不適，等發現問題了再去檢查，很多已經發展到了中晚期。另外，體檢普及也是重要原因。過去的檢測費用昂貴，普通人只有感覺生了病，才捨得到醫院做檢查。現在體檢已經從醫院中獨立出來，成為一個行業。每年留出一定

的開支做身體檢查，已經成為很多人的消費習慣。而且，也有很多團體把體檢當成福利發放。

因為有更多的人進行常規體檢，癌症在早期被檢測出的比例大量提高，從而提高了患者的存活率。比如，有部分遺傳罹患乳腺癌的高風險女性為了預防乳腺癌而進行乳房切除手術。

治療癌症的藥物也在發展。英國曼徹斯特大學的研究人員發現了一種「酪胺酸激酶抑製劑」，把它放到癌細胞與正常細胞混合的燒瓶中，癌細胞不會被殺死，但會停止繁殖。這種藥不僅副作用極小，而且移除後，它的作用仍然能保留下來。

法國國家科學研究院的專家甚至發現，與癌症齊名的「魔鬼」—— 愛滋病病毒，也可以用於抗癌。他們透過基因技術改造愛滋病病毒，讓它去啟動抗腫瘤藥物。這樣，藥物劑量減少到現在的 1/300，但仍然可以達到同樣的療效。接受化療的病人就不用再經歷痛苦的折磨過程。當然，這種改造過的愛滋病病毒對人體也是無害的。

諸如此類的新療法不斷產生，當癌症的治癒率達到90％，它將成為一大類慢性病，環繞著癌症設置的醫療機制也會發生根本性的改變。

過去，大部分癌症患者會在較短的時間內去世，而醫院進行治療的目標只是「延緩死亡時間」。從病人到家屬，再

到醫生，認為完全治癒的希望很小。

　　未來，絕大部分癌症患者能慢慢地康復，再加上癌症是典型的中老年疾病，隨著人均壽命的提高，癌症患者的總數也會上升。所以，未來社會可能會建設一批癌症療養院，真正以治癒為目標。

　　一個人如果患上癌症，可能會請幾個月「罹癌假」，到療養院接受治療後回歸正常生活。也會產生一大批「癌症護理師」，他們除了輔助治療，還要照顧癌症患者的生活，做必要的心理輔導，幫患者打消顧慮、樹立信心，鼓勵患者盡快回歸正常生活。

09 外骨骼設計師

　　《機器戰警》、《血衛》這些科幻片給大家展示了這樣一種可能，把機械義肢裝在一個人身上，讓他從此能飛簷走壁，力大無窮。這種技術叫做機械外骨骼。

　　研製外骨骼技術主要有三個目標：

　　一是像科幻片描寫的那樣，讓軍人或者警察獲得超過普通人的強大體能，甚至製造出機甲，由人在裡面控制。不過，外骨骼其實就是穿在身上的機器人。以目前的機器人技術，完成各種動作都仍靠剛性驅動，動作僵硬，遠不能像人體那樣靈活。所以，這個目標十分遙遠。

　　二是為民用服務，幫助人們提高能力，減少體能消耗。比如，把外骨骼提供給地質勘探隊員，幫他們翻山越嶺，或者幫極地考察隊員應付冰雪。同樣受限於前面提到的理由，這個目標也比較遙遠。

　　所以，目前外骨骼技術最好的應用領域是醫學，用於幫助老弱病殘恢復行為能力。這些病人不需要做複雜的動作，只需要恢復患病前的基本能力。現在的機器人技術已經足以實現這個小目標。

　　眼下，中風後的康復是外骨骼運用最多的領域。生活中我們總能在街頭看到努力恢復行走能力的中風患者，其中有

很多還是壯年人。根據統計，有六分之一的人會在一生的某個時刻中風，這可不是個小數字。所以，靠機械幫助中風患者康復，是一個潛力巨大的市場。

現在，康復用的外骨骼很貴，要花費十幾萬到幾十萬美元才能購買一臺，所以主要由醫院購買，再租用給病人。

史蒂芬・霍金自從患上肌肉萎縮症後，一直在輪椅上與公眾見面。如果當時有成熟的外骨骼技術，他就能站起來和大家互動。而且患有這類疾病的人，終生都需要外骨骼服務。

老年人的肌肉和骨骼萎縮，行動能力下降，外骨骼助力器可以幫助老年人緩解這個問題。這裡提到的老年人並非指病人，而是指希望能像青壯年那樣行動的老年人。比如，有的老年人可能希望去登山，甚至做年輕時沒機會進行的冒險。這些老年人也是外骨骼服務的重要客戶。

目前，阻礙外骨骼技術發展的瓶頸之一是能量供給。作為一種要貼身運動的機器人，不能時刻插電，只能使用電池，而現有電池的最長供電時間只有兩個多小時，使用者顯然無法在清醒時一直使用外骨骼，必須經常脫下來充電。

不久的將來，外骨骼的體積會大大縮小，甚至能夠穿戴在衣服裡。隨著進入高齡化社會，設計外骨骼，加工製造，販售和售後服務，形成一個產業鏈，將會大有前途。

10 胎兒孕育師

　　一名女性從懷孕到生育，再加上身體復原，至少有一年時間不能正常工作。而適合生育的年齡層，也往往是職涯上的關鍵時期，生育讓女性承受了重大壓力，所以不少女性因為擔心耽誤工作，選擇延後生育，有的甚至不敢結婚。

　　能不能讓胎兒離開母體孕育？其實，大部分養雞場為了提高孵化率，都會使用人工孵化技術。雞蛋在孵化箱裡孵化21天後，小雞自動出殼。這是間接的離體孕育技術。

　　當然，雞是卵生動物，人們使用技術代替母雞相對容易，而適用於胎生動物的技術研發就會困難很多。1985年，日本東京大學婦產科副教授原桑慶紀完成了世界首例人造子宮實驗，實驗對象是羊。他們將8個山羊胚胎放入人造子宮，當時這些胚胎的平均存活時間為3天。這類實驗發展到今天，已經可以讓羊胚胎完成整個孕育過程。

　　作為人造子宮技術應用的第一步，這項技術只用於早產兒。全球每年出生約2,000萬例早產兒，最小的只有手掌大小，連保溫箱都無法保證讓他們存活。很多早產兒即使存活下來，也會終生患有肺部疾病。有了人造子宮，就可以讓這些早產兒繼續孕育，直到他們成熟降生。

　　另一方面，人造子宮可以繁育瀕危物種。人類已經有足

夠的環保意識，較少亂捕濫殺，但是野外環境本身會導致動物胎兒的高死亡率。2005 年，澳洲科學家便嘗試在人造子宮內培育沙錐齒鯊。

現實中已經有了間接的體外孕育，就是代孕，不願意自己生育的母親可以借腹懷胎。然而，人類子宮對於胎兒來說，本身就不是非常安全的環境。有的女性子宮畸形，約占女性不孕症的 30%。還有一種情況是，精卵結合後沒在子宮上著床，而隨著女性經血流出，稱為「生化妊娠」。即使著床後，自然流產率也有百分之十幾。

在懷孕期間，如果母親抽菸、喝酒、服用藥物，產生的毒素會透過臍帶進入胎兒體內，並構成威脅。母親懷孕時需要適量的運動，如果置身於放射性環境，暴露在有毒的化學物質中，或者遇上傳染病，都會對胎兒不利，而且偶然的摔跤、碰撞等物理損害也會影響胎兒的正常發育。總之，有一部分的先天性疾病不是由於基因缺陷導致，而是在孕期受到來自環境的損傷。

未來的人造子宮可以免除上述危害，比天然子宮安全得多。從長遠來看，人類要征服太空，成為宇宙居民，在充滿高能量宇宙射線的太空環境裡，體外孕育比天然子宮更安全。

另外，人造子宮還有利於胎兒及時手術。過去，只有胎兒生下來，才知道他是否畸形。現在雖然有了相應的檢測技

　　術，但即使查出胎兒有問題，也無法處理。

　　2019 年，美國克利夫蘭診所成功實施了全球首例胎兒手術，為一個胎兒修復脊柱裂先天缺陷。他們割開母親的腹部和子宮，做了一個類似剖腹產的切口，之後對胎兒實施相應的手術，最後進行縫合。如果胎兒生長在人造子宮裡，不僅可以及時發現缺陷，也方便及時手術干預。

　　人造子宮的優點很多，但是需要有人時時監測和管理。未來社會需要一批胎兒孕育師，他們隨時觀察胎兒的生長狀況，調節環境因素，直到將小寶寶成功地送還給父母。

11 老年人能力評估師

　　這個職業已經成為現實，但是將隨著時間的推移人數將會越來越多。2020 年 7 月，「老年人能力評估師」正式進入職業種類。而在這以前，有些地方就已經開始對這門職業進行培訓。

　　衰老是一個失能的過程，視力、聽力、肌肉力量、內臟功能……老年人不斷失去各種能力。以大腿肌肉為例，到了50 歲，就比巔峰時期萎縮大概四分之一，所以有「人老先從腿上老」的說法。

　　於是，對老年人進行能力評估成為一種剛性需求（rigid demand）。只有知道自己身體的真實情況，老年人才能更好地規劃生活，社會也才能更好地為老年人服務。

　　目前，老年人能力評估師主要任職於養老機構。大型養老院會對老年人進行劃分，基本分成「獨立生活」、「協助生活」和「全程護理」三個層次。每個層級的護理工作內容會增加，成本和收費也會相應提高。

　　最初，養老院只是憑驗進行劃分，而且主要由老人的家屬自己選擇。他們希望給老人提供哪個級別的服務，養老院就照此辦理。這樣的劃分缺乏科學依據，「老年人能力評估師」這個職位就應運而生。

　　這些評估師不是醫生，主要不是用儀器檢查身體，而是在現實情境中檢測老年人的各種行為能力。從言談舉止，到反應速度，甚至會檢測能不能從地上撿起一件物品。評估師也不像心理諮詢師那樣，會拿出一張表讓老年人填寫，而是把能力評估分散在日常生活中，結合生活情境進行考量。整個評估過程要求自然順暢，甚至老年人也未必意識到自己正在被評估。

　　隨著養老機構的發展，連鎖經營的大型養老機構會設置專門的老年人能力評估師，小型養老院會在需要時邀請專業評估師，以按時收費的方式進行評估。

　　從醫學角度來看，老年人能力評估代表著一種「醫學前置」的過程，也就是把醫學知識的運用從治病環節延伸到早期檢查。衰老並非疾病，老年人自己很少為而此登醫院的門。而老年人能力評估師由於深入他們的日常生活，可以從失能現象中發現病變，比如癌症、阿茲海默症等，從而提高老年疾病的確診率。

　　從老年人自身角度來看，他們對衰老通常會有一個接受過程。很多老年人對自己身體的認識會滯後於衰老過程，仍然會試圖從事青壯年人的行為，導致傷病事故。對不去養老院的老年人進行日常能力評估，也能幫助他們認識失能過程，提前安排新的生活方式。

　　臺灣即將邁入超高齡社會，非常需要這個職業。筆者也

即將成為老年人，所以非常關注這個職業。現在，專業或兼
職從事老年人能力評估的只有 10 萬人，未來將需要 150 萬
人，存在著巨大的職位缺口。

12 高危職業 —— 按摩師

　　1962 年，日本人發明了最早的自動按摩椅。經過技術升級，1990 年代出現了目前這種結合滾動與壓擠的按摩椅。

　　也就是在那時起，就有人討論機械按摩能否取代人工按摩。如今，很多公眾場所紛紛擺上按摩椅後，按摩師的危機感更為明顯。

　　一般認為，按摩是一種理療手段，是以治病為目標的，所以按摩師也要會診斷。這些都是按摩椅不能完成的。然而，現實的按摩需求中，大多數都與治病無關，只是為了日常的放鬆和減壓。十幾年前筆者自家買了一臺按摩椅，這臺按摩椅主要由我使用。一旦寫書寫得頭昏腦脹，就坐上 20 分鐘，非常管用。

　　按摩椅很笨重，不能隨便移動，這也是它不如按摩師的地方。不過，機械按摩技術已經遠不止按摩椅一種。比如頭部按摩機，就像頭盔一樣，而且攜帶方便。還有一種空氣按摩服，人們可以像穿褲子一樣把它套在腿上，只做腳部和腿部的按摩。

　　按摩師的另一個優勢是能夠提供個性化服務，比如，根據顧客的要求調整力量。早期的按摩椅角度固定，不能根據顧客的體型進行調整。後來的按摩椅發展到可以檢測體型後

適當調整角度和力量。最近，英國普利茅斯大學研發出按摩機器人，進一步提高了機械按摩的個性化水準。

人類有一雙靈活的手，按摩椅只能做大面積的滾動和擠壓，這曾經是按摩師的優勢。然而，2018 年就有公司研製出模擬按摩機械手，不遠的將來，現在作為主流的按摩椅都會變成老古董。

技術進一步發展後，機械按摩還能實現人工按摩達不到的效果。有一種零重力太空艙，顧客鑽進去，用氣囊包裹全身後，透過氣壓脈衝同時做全身按摩。而按摩師則只有一雙手，按摩完上肢才能按摩下肢。不僅如此，這種太空艙還能讓腿部位置高於軀幹，讓身體更加放鬆和舒適，而且還能升溫，將按摩與熱蒸結合起來。

技術能夠不斷地進步，按摩師卻很難再有提升。每位按摩師都需要經過長期培訓才能達到熟練，這是按摩價格居高不下的一個重要原因。機械按摩省去了這個環節，拿來就能用。另外，按摩師屬於人工服務，收入水準與社會平均薪資相關。而機械按摩只要數量大，價格就會下降。

由於投入成本高，人類按摩師的服務通常以小時為單位。機械按摩卻可以短到只做幾分鐘的服務。另外，按摩師會疲勞，每天可以服務的時間和數量有限，機械按摩不會疲勞，可以循環使用。

正是由於上述原因，人工按摩的價格基本上不會下降，

這反而抑制了社會的按摩需求，導致目前按摩還屬於半高階的消費。疲勞的學生、辛苦的工人、貧困的老人都無法享受。現在按摩機械產量還不高，費用也只比人工按摩稍低，但只要按摩需求被釋放，有量產的可能，機械按摩的價格將會大大低於人工。

13 高危職業 ── 手術醫生

在科幻片《普羅米修斯》中，女主被異形侵襲。她自己爬進手術膠囊，操作機械手開刀。剖出腹中的異形，再做縫合，當下就能從膠囊中爬出來行走。這個驚心動魄的情節向觀眾展示了自動手術的遠景。

嚴格來說，手術不是一份職業，而是醫生的一項技能。從長遠來看，機器人會取代大量的手術工作，醫生也將遠離手術臺。

手術是人類醫學的巨大進步，然而由人類醫生做手術，存在很多先天局限。人類只有兩隻手，需要協助時就得多派幾個人，產生交流問題。機器人沒有這個限制，有的手術機器人已經有 7 隻機械手。

病人體內空間狹窄，人手拿著手術刀在裡面操作很不方便。機械手就不同，可以在兩三立方公分的空間裡做手術。人的視力有極限，更不用說醫生還可能近視。機器人則可以將三維畫面放大 10 倍，便於做精細的手術。

有些手術時間長達幾小時，主刀醫生會因疲勞導致準確度下降，甚至出現手術事故。機器人沒有這個缺陷。而且醫生各自的經驗不同，比如偏遠地區的病人就不太可能遇到手術經驗豐富的醫生。

　　由人來做手術，為了方便觀察和操作，必須在皮膚表面切出很大的切口，病人通常需要幾天或十幾天才能康復出院。由機器人做同樣類型的手術，傷口只有人類醫生的幾分之一，病人在很短時間內就能出院。

　　有了這些明顯的優勢，醫學界很早就在研發手術機器人。第一個手術機器人出現於 1985 年，它最初是由工業機器人改裝而成，是一項典型的「醫工結合」產物。目前，手術機器人由工程專家來製造。但是，手術機器人的研發團隊必須有醫生參與，以說明手術的具體步驟。

　　由於機器人有這麼多優勢，利用機器人做手術的疾病越來越多。最初，它們只能做前列腺手術，後來發展到心臟外科、闌尾切除、牙齒重建。每過一段時間，就有一種傳統手術可以交給機器人操作。

　　目前，手術機器人還不能像《普羅米修斯》裡描寫的那樣做到全自動，還需要醫生在一旁操作，實際上只是「遙控手術機械」。不過，人類的反應速度是有極限的。在車禍、爆炸事故或者戰場上，有些病人需要快速處理，人工通常達不到要求。

　　最典型的例子當屬換頭手術。如果一個人的身體基本報廢，但是頭顱尚存，可以選擇一具功能完好的屍體進行移植。但前提是要在幾分鐘內就把氣管、血管和神經都縫合，否則人頭就會死亡。這是手術界的最尖端領域。

現在，醫學專家在兩具遺體上做換頭手術試驗，完成一次要花十幾個小時。可見，如果沒有手術機器人參與，人頭移植永遠不可能實現。

第二章　與工業有關的職業

── 工業 4.0：智慧製造帶來的產業衝擊

彌漫的煙塵，刺耳的噪音，這是現在很多人對工廠的印象，以至於年輕人普遍不願意從事與工人這個稱呼相關的職業。不過，在未來人們會遇到完全不同的工廠。它們不再占用大量的土地，不再消耗大量的資源，而且機器運轉起來可能會很安靜。同時，產品品質和功能完全超越現在。

01 綠葉製造員

　　我們能活著，需要依靠體內的生物能量，當能量消耗到一定程度時，就要透過進食補充能量。我們吃的糧食、蔬菜，還有肉類，裡面的能量最終都來自光合作用，來自太陽能。

　　今天，人類社會的運轉主要依靠化石能源，包括煤、石油和天然氣，它們由古生物的遺體轉化而成。這些能源其實也是古生物透過光合作用轉化的太陽能。不過，這些能源從採掘、運輸到使用，最終的利用率只有百分之幾。

　　當然，我們現在也可以用太陽能電池板，將太陽能直接轉化成電能。但是，目前實用的太陽能電池板的轉化效率也只有大概 10%。

　　然而，植物的葉綠素幾乎可以將照到葉片上的太陽能全部轉化喔！

　　人類一年使用的全部能量，只相當於地球一小時接收到的太陽能。所以，我們周圍不是沒有能源，而是缺乏更有效的能源利用方法。向植物學習，研究人工光合技術，就是一條有效的途徑。

　　光合作用可以把水分解成氧氣和氫氣。對植物來說，它們釋放氧氣，透過化學反應把氫固定在體內。人工光合作用

則透過釋放氫氣，把太陽能轉化成氫燃料，後者不僅熱值高，而且燃燒產物是水，非常環保。

如果氫燃料能夠大批量生產，便可以部分取代化石能源。更棒的是，光合作用不僅能轉化太陽能，還能從空氣中吸收二氧化碳，釋放氧氣。這樣一來，其他工廠排出的二氧化碳，正好是人工光合技術的原料。如果這種技術普遍應用的話，困擾人類的碳排放問題就多了一種解決辦法。

其實，人工光合技術的原理並不複雜，從 1970 年代起，科學家就開始研究人工光合作用。不過，畢竟不是天然的光合作用，所以需要加入很多催化劑，並且需要消耗能源以維持高溫高壓，整個過程看起來更像化工廠在生產，而不像植物那樣「悠然自得」地就完成了光合作用。

當時，人工光合技術的能源轉換效率很低，生產氫氣的價格是使用傳統方式的十倍以上，所以遲遲不能量產。但是，各國團隊仍堅持不懈地研究，目標是讓材料更便宜，並且能在室溫下進行。

比如，美國加州大學的研究人員用矽與氧化鋅製造出「奈米樹」，把它插在水裡，經陽光照射後就能產生氫氣。英國有個「人工葉」計畫，假設用一片人工葉分解幾公升水，這樣就能滿足一個家庭一天的能源需求。韓國科學技術院的專家製造的生物光電板也能把太陽能轉化成電能。

這麼多團隊一起努力，相信在二三十年內，生產人造綠

葉會是非常有前途的行業。到那時，城市裡遍布人工草皮，很多建築物的外牆貼著人造綠葉。它們不僅能發光、產氫、生電，而且賞心悅目。未來，「霧霾」將成為歷史名詞，人們只有寫回憶錄時才會提到它，而且為了恢復自然環境，很多油田和煤礦會封閉起來。

　　而你，很有可能成為一名綠葉製造員。

02 彈性工人

曾幾何時,「流水線」意味的是高速度和缺乏個性。當人們對批量產品開始厭倦後,「純手工」製造便成為宣傳口號,甚至出現在汽車 —— 這種典型的工業產品中,比如勞斯萊斯也會包裝幾輛「純手工打造」的車用以出售。

讓產品盡可能符合每個客戶的需求,這叫產品製造中的彈性,這種特性與生產力歷來都成反比。工業革命前,從服裝到家具,都是工匠為了某個具體客戶來製造的。他們需要與顧客溝通,了解顧客的具體需求。這類產品富含個性,但是產量極低,普通人用不起。工業化的批量生產大大降低了產品價格,使得普通人能用上過去貴族才能用的東西,而代價就是缺乏個性。

工業化量產甚至改變了人們的消費習慣。比如,以前人們先會購買布料,然後找裁縫量身定製,現在則以到商店購買標準尺碼的服裝、鞋帽為主。其實,它們只是大致上合身。

工業化生產更決定著工人的操作模式。在批量化的流水線上,工人長時間生產同一型號的產品,操作模式幾個月甚至幾年都不變,工人的工作技能被降低,工作主動性也相應下降,工人更像機器的一部分。

　　人們不是不想在工廠裡提高生產的彈性，但那就需要不斷變化模具、調整機器孔徑，結果將影響生產的連續性。由於要不斷地偵錯，重啟機器，它們的安全性能也會下降。所以在自動化控制出現前，人們的選擇還是犧牲產品個性，優先考慮產量。像卓別林在《摩登時代》裡表演的那樣，工人成為鎖螺絲的機器，這是對剛性流水線生產的諷刺。

　　1954 年，美國麻省理工學院研製出第一臺數值控制銑床，標誌著彈性生產的開端。1970 年代初，彈性製造系統走出實驗室，進入工廠。不過，隨著美國去工業化，這種由美國發明的新型生產模式在其他國家開花結果。

　　與汽車、電腦這些產品相比，人們對服裝和家具的個性化要求更高，這兩個行業也最大化地轉向彈性生產。T 恤就是最早的彈性生產產品，1980 年代，人們就開始在 T 恤上印製各種文字。當然，印字很簡單，街頭小販就能操作，但款式和尺寸還是要經過批量化生產。如今，服裝工廠也能以一件為單位接受訂單。

　　經濟起飛之初，木匠是首批富裕起來的人之一，他們為很多有需求的家庭打造家具。後來，家具生產迅速工業化，傳統木匠被淘汰，而代價則是產品的「千篇一律」。如今，很多公司可以根據定製要求，像搭積木一樣拼裝家具。

　　甚至，最為流水線化的可口可樂公司也開始彈性生產。當然，飲料瓶的大小還是一樣的，只是外包裝上印有的圖案

設計不同，類似於 T 恤。

　　所有的這些改變，都會增加人工作業的難度，必須經常調整機器，但同時，這種改變提高了工人工作的主動性和積極性。

03 增材製造技術人員

或許你已經看過 3D 列印機，見識過被它們列印出來的小東西。不過在將來，3D 列印可不只是單純地做幾個紀念品。你身邊的一切，從家電到腳踏車，再到房子本身，都有可能是被列印出來的。

其實，3D 列印是一個更大的技術領域的一部分，這個領域叫做「增材製造」。在電腦的控制下，透過擠壓、燒結、熔融、噴射、光固化等過程，把原材料變成成品。在這個過程中，成品彷彿是一點點長出來的，增材製造很形象化地概括了這個過程。

與增材製造對應，傳統工業是「減材製造」。我們從礦石中煉出金屬，再透過切削等方式，把金屬坯料加工成零件。每進行一步，原料的品質都在減少。不算不知道，一算嚇一跳。根據統計，人類每年使用的各種原材料約有 4,000 億噸，而成品只有 40 多億噸。每生產出一部精緻的手機，就有相當於 90 多部手機的原料被扔掉。巨大的資源消耗與環境汙染就是這麼產生的。

3D 列印則正好相反，它將原材料以粉末或者絲狀物噴出去，一層層增加，其消耗遠比傳統工業少。當然，這些原材料和 3D 列印機本身，還需要用「減材」工藝製造，但整體

算下來，資源消耗比先前減少了很多。

德國人把 3D 列印技術叫做「直接製造」。因為傳統工業要用零件組裝成品，需要鉚接、焊接，而 3D 列印直接就把成品塑造出來，渾然一體，減少了因拼接而造成的強度下降，這是 3D 列印的另一個優勢。

自從 3D 列印技術發明以來，人們就在不斷突破它的界限。目前，利用這種技術列印出的最大物品是房子，一天可以列印出 30 多平方公尺，並且使用普通水泥為原料。由於印表機的體積有限，目前還不能列印樓房，只是實驗性地製造小型臨時住房。

3D 列印的目標並非只是越來越大，也會越來越小，甚至有人在研究如何用 3D 列印技術來列印晶片。

最初，3D 列印只能使用金屬和無機非金屬材料。後來，生命組織也成為 3D 列印的材料，研究人員曾用 3D 列印技術製造出了人工血管。

3D 列印把原材料堆積為成品，在強度上還是有缺陷。另一種增材製造術是用鐳射或者離子束，直接把原料切割為成品。看上去仍然是在減材，不過由於壓縮了組裝工藝，使得原材料的消耗大大減少了。

比如，機翼裡面包含油路，結構複雜。傳統上必須先製造出很多金屬板和零件，再把它們組裝成機翼。現在則可以在電腦的指揮下，用鐳射直接從材料中切割出一片機翼，其

中包含裡面的油路，渾然一體，能節省三分之二的材料。中
國將要製造的未來客機 C919，很多大型結構都要用增材製
造術。

　　增材製造的範圍越來越廣，會逐漸代替傳統工廠。由電
腦設計、指揮，增材製造還能在很多領域消除批量生產，讓
人們定製個性化產品。

　　未來，增材製造技術人員將集中出現在工廠裡面，他們
既是工人也是技術員，是腦力工作和體力工作的結合者。他
們幫助客戶設計，然後直接列印成品。

04 燃料生產技術人員

　　今天，人類的生產生活方式由煤、石油和天然氣支撐，它們都是化石燃料，由遠古生物的遺體經歷上億年轉化而成，用一點就少一點，所以也稱為不可再生資源。然而，我們周圍有很多「植物廢料」，如果能直接把它們變成化石燃料，豈不是一舉兩得？

　　農民辛苦一年，所產生的大部分生物質並沒有價值。植物秸稈雖然可以用作柴草，但屬於高汙染物。幾年前北方出現嚴重的霧霾天氣，其中一個重要原因就是農民焚燒秸稈。農作物加工過程中會產生花生殼、甘蔗渣、木屑等廢物，釀酒、製糖等工業還會排出含有大量生物質的汙水。

　　根據統計，這些廢料占據了人類廢棄物的 70％，而其中的三分之一則是中國產生的！科學家早就想著要如何變廢為寶，其中一個辦法就是用釀造法把它們變成燃料。這門技術稱為「生物質多元能源轉化及利用」。

　　在這個方面，纖維素乙醇已經商業化。乙醇就是酒精，以前主要用糧食發酵產生。雖然商店裡的白酒琳琅滿目，但是做為燃料遠遠地不夠。工業乙醇得用廉價的木屑和秸稈來釀造。目前在美國，汽車使用的燃料中乙醇已占 1％。

　　不過，乙醇的能量密度比汽油低 35％ 左右，而丁醇則與

汽油差不多，將生物丁醇與汽油混合後用於汽車行駛，能比使用傳統燃料多跑約 10% 的路程。所以，生物丁醇將成為下一個燃料釀造重點。

以氫為原料的燃料電池，被視為更有前途的能源。它可以驅動電動車，並且不會產生汙染。於是，用生物廢料釀造氫氣，便成為一個科學研究的熱點。使用的原料包括製糖業、豆製品行業、乳製品行業、澱粉廠和釀酒廠產生的廢水，甚至牛糞廢水，這個過程完美詮釋了什麼叫化廢為寶。

那麼，能不能直接釀造類似石油的產品呢？確實有科學家在打這個主意。某大學能源與環境學院的教授與美國麻省理工學院合作，發明了一種方法，可以將生物質轉化為石油化工原料，包括乙烯、丙烯、苯等。目前，這些化工原料都來自化石燃料，用新方法製造的化工原料雖然不能當作燃料去燒，但可以代替相當一部分的石油。

上述燃料釀造技術，使用的並不是天然細菌。它們都是透過基因工程加以改造，其轉換效率足夠達到工業化水準。

燃料釀造要在大型金屬罐裡安靜地進行，從外面看去，燃料釀造廠很像啤酒廠。與規模龐大的煤礦、油田和氣田相比，燃料釀造幾乎不占地，可以直接建在城市郊區，這樣能避免跨洲越洋運輸化石燃料帶來的危險。

燃料釀造還具有環保價值。化石燃料包含著古代生物所固定的太陽能，埋藏在地底下的煤炭中。將其開採並燃燒，

將會額外增加碳排放。而釀造燃料中的碳形成於當前的自然循環，燃燒它不會帶來額外的碳排放。

　　美國能源部公布了這樣一個目標，到 2025 年，四分之一的工業化學品將透過生物過程製造。在不遠的將來，當一名燃料生產技術人員，守護著一排金屬容器，將會是相當具有前景的職業。

05 整合式建築師

　　提起建築工地，多數人會聯想到塵土飛揚，泥水遍地，雜訊轟鳴。建築工人曾經被認為是低知識群體，以至於有的人會諷刺他人說「快回去搬磚頭吧！」不過，這樣的建築工地可能會在一兩代人之內消失，整合式建築正在把建築工地變成組裝工廠。

　　2010 年，湖南遠大公司在長沙建成了「新方舟酒店」。30 層的高樓僅用 46 小時完成主體，90 小時裝修，整個工程大概用時 15 天完成。這個轟動世界的奇蹟展示了整合式建築的威力。這棟樓以純鋼為主體，實際上是一座由外裝修包裹的鋼塔，其全部的主體結構和每個房間都在工廠裡壓塑成型，最後運到現場安裝。

　　工程進度縮短是整合式建築的另一項優勢。即使將在工廠內製造模組所需的時間計算在內，興建一棟使用面積相同的建築物，在整合式建築工法下相較於傳統工法可以節省大量時間。這對於人工成本逐漸攀升的國家來說，具有相當大的優越性。

　　在歐美國家，由於人工費用越來越高，從 1970 年代開始就流行自建自修。城裡人買塊地，像農民那樣自己蓋房。從某種意義上說，這實際上恢復了小農時代的低效率，同時

增加了環境負擔，而且蓋起的房子並不結實耐用。整合式建築則大大壓縮了勞務成本，但可能會在已開發國家逆轉這個過程。

整合式建築可能是建築師的噩夢，它建不出個性化的造型，完全是工業流水線產品。所以，整合式建築工藝不會用於建造精細豪華的建築、大型商場或者科學研究建築，然而，在製造大量模組化結構的普通住宅方面，整合式建築卻能明顯降低建築成本，且容易整合各種技術於室內，提升建築物的智慧性。

整合式建築特別適合貧困地區，或者向貧困國家出口，幫助當地人迅速擁有住房。對那些生活在孟加拉、印度和巴西聖保羅貧民窟裡的人，整合式建築更容易幫他們早日搬進新房。

「新方舟酒店」又叫「遠大低碳新方舟綜合示範樓」，這個名字也道出了整合式建築的另一個優勢，就是環保。因為大量工作都在工廠裡完成，工地不再塵土飛揚，甚至是先把每個房間的水、電都裝配完成後，再到現場按照圖紙進行組裝。傳統建築要攪拌泥漿，屬於溼式施工，耗能高、工期長、汙染嚴重，是都市粉塵的主要來源。而整合式建築是乾式施工，週期短，工作環境乾淨。

整合式建築大量使用鋼鐵，而中國則恰恰生產了全球大概 60％ 的鋼鐵，所以原料十分便宜。由於整合式建築是採用

純鋼骨建築，所以既安全又耐用。「新方舟酒店」能抗八級
地震，能持續使用數百年，這都是傳統鋼筋混凝土建築達不
到的。

　　未來將出現新一代整合式建築工人，他們的任務就是把
成型的房間運到工地，然後鎖螺絲。以前，建築工人需要在
外牆上爬高，工傷事故時有發生。如果改用整合式建築，其
安全程度會大大地提高。

06 碳材料生產技術人員

　　通體烏亮的殲-20，給人們留下了碳纖維的初步印象；賽車賽道上通體烏黑的賽車也是由碳纖維材料打造而成。而在現代生活中可能用到的高爾夫球桿和釣魚竿，也使用了大量的碳纖維。

　　在家裡，你也能找到碳纖維電暖器。在韓國還舉辦過碳纖維家電展覽，展出的所有家用電器的外殼都是由碳纖維製造而成的。

　　愛迪生研製電燈的過程中，曾經用竹炭絲製作燈絲，那是最早的碳纖維。

　　1950 年代，美國人發明出高強度的碳纖維。

　　1970 年代後，碳纖維開始應用於工業製造。

　　碳纖維的強度是鋼鐵的數倍，而比重只有鋼鐵的四分之一，比鋁還小。它的耐高溫性能更是超過其他所有化學纖維，甚至可以用作火箭噴嘴。這麼好的材料，人們當然希望把它應用在各種地方。

　　如今，從汽車到家用電器，周圍很多用品的製作材料主要還是金屬，而未來會越來越多地使用碳纖維。

　　另外，奈米碳管和石墨烯也有著極大的工業潛力。

　　然而，阻礙碳纖維普及的最大障礙還是價格。現在，一

噸航空航太用碳纖維需要 500 萬元，一噸車用碳纖維需要 50
萬元。

　　價格高必然導致用量少，維修困難。一輛普通汽車遇到
擦撞，隨便哪個汽車修理廠都能解決。若是碳纖維車的外殼
受損，通常必須進行整塊更換，而非一般的修復作業。

　　現在，日本生產全球約 70% 的碳纖維，而寶馬集團是碳纖
維的最大客戶，一年能用掉上萬噸。新興的風力發電機密布全
球，它的葉片需要使用高強度材料，將成為碳纖維的新客戶。

　　由於價格高，目前只有軍事、航太等領域大量使用碳纖
維。不過沒關係，鋁在剛發現時也比黃金貴。但只要人類對
一種材料有需求，就會有人鑽研如何提高產能。

　　1962 年，中國和日本幾乎同步開始研究碳纖維技術。直
到十幾年前，中國的碳纖維產量還不到全球 1%，火箭、軍
用飛機這些領域使用的碳纖維高度依賴進口。如今，中國碳
纖維企業的數量已占全球七成，整體產能也位居世界第三。

　　現在，全球每年消耗碳纖維近 10 萬噸，雖然與全球粗鋼
產能近 19 億公噸相比仍有差距。然而，碳纖維的應用範圍正
逐漸從高端延伸至低端領域，最終將進入普通家庭，成為人
類新材料的主要組成部分。

　　所以，希望你從現在就留意碳纖維製造業，因為如果去
某家碳材料公司當「碳材料生產技術人員」，就等於進入了
一個年成長 10% 且連續成長幾十年的行業。

07 菌絲培養技術人員

提到真菌，你可能會聯想到發霉的食物，或者引起不悅的腳臭味。然而，作為抗生素的原料，真菌也能對人類產生正面的影響。

在不遠的將來，除了可以吃的蘑菇和製藥以外，真菌還會有更多的作用，那就是直接作為材料使用。

真菌細胞壁的主要成分是甲殼素或者纖維素，前者也是甲蟲或者蝦類外殼的主要成分，後者則是木材的主要成分，它們都有很高的強度。但隨著環保意識增強，人類更希望綠樹成蔭，而不是把大樹砍掉做材料。

相對而言，真菌生活在陰暗潮溼的地方，靠動植物產生的廢料為生，所以大規模生產真菌材料不會帶來環境問題。

1907 年，第一種塑膠酚醛樹脂誕生，在一個世紀多的時間裡，塑膠給人類帶來便利的同時，也造成了嚴重汙染，其主要原因是塑膠難以降解。而所有真菌材料都可以降解，甚至真菌本身就在降解其他生物成分。所以，真菌材料有望大規模代替塑膠。

製造真菌材料，主要是使用它們的菌絲。人們先製造真菌的培養基，把菌種摻在裡面，放入固定模具後，菌絲開始按照一定的形狀生長。等到充滿模具後，再用高溫殺死真

菌，烘乾菌絲，就製成了有固定形狀的材料。

用於培養真菌的材料可以是農產品加工後產生的廢料，比如木屑、麥殼、稻殼等，這些廢料如果不用於培養真菌，其利用價值極低。而且真菌不需要光合作用，在陰暗的空間裡就能生長繁殖，不占用田地和大部分建築空間，可以選擇地下室、廢棄倉庫、岩洞等。

培養真菌材料還可以節省時間成本，和殘留在餐具裡的黴菌一樣，真菌材料僅幾天就能生長成型。所以，真菌是化廢為寶的典型。

美國紐約的「生態材料公司」從 2006 年建立後，不斷尋找真菌材料的用途。他們已經用模具培養出真菌餐具和真菌家具，最誇張的是他們製造出一架真菌無人機。

當然，只有機身是用真菌材料製造的。但是能讓一架「活飛機」騰空而起，已經是不小的奇蹟。

真菌容易降解，反過來就意味著它的抗腐蝕性不足，用真菌製作的容器容易破損。所以，真菌材料的主要用途是取代一次性塑膠製品，隨用隨丟，暫時還不會取代塑膠門窗等這些耐久性物品。

不過，塑膠製品造成環境汙染，主要原因是大量使用一次性塑膠製品。所以，真菌材料的環保價值十分巨大。

怎樣做一名菌絲培養員呢？我想，可能與種蘑菇的師傅

差不多。這個職業的體力消耗不大,只需要經常觀察菌絲生長,用機械翻動培養基。

在這一章裡面,除了技術,你還應該關注未來工業的生產環境。從增材製造、燃料釀造、製碳,到真菌培養,未來很多工業生產不再是震耳欲聾,噴雲吐霧,而是靜悄悄地完成。而且它們需要更多的知識,而不是更多的體力。

或許,新技術能再次把有知識的年輕人吸引回工業領域。

第三章　與農業有關的職業
── 未來農耕：永續經營下的產值最大化

高科技，高投入，大產出……

用這些詞形容農業，可能有很多讀者會不適應。然而，農業很快會變成某種新型工業，可以稱之為「食品和經濟原料生產業」。它們的從業者，肯定也不再是傳統意義上的農民。

01 農田管理員

「鋤禾日當午，汗滴禾下土」，是之前人們對農民工作的普遍印象。如果將來你再讀到這類詩句，就必須更新認知，因為未來農民的工作方式會發生很大改變。

以手工方式務農的前提是無法使用農業機械。如今，有半數農田已經被改造為精緻農田。

所謂精緻農田，就是經過大量基礎改造的農田。它們集中成片相連，平整如畫，修整過程中使用了大量的高科技手段。比如鐳射平地機，使用時在地面上架設雷射發射器，釋放旋轉的雷射光束進行校準，然後在雷射引導下，機器能夠自動進行地面的整平作業。相對於人眼和手動操作，這樣的機器可以達到更加精準的平整效果。

不僅農田本身如此，其他輔助設施的修建也發揮了很重要的作用。比如，通往農田的路都是水泥路，方便農業機械進出；灌溉用的水渠也用水泥修建，可以減少滲漏；很多農田使用噴灌，並使用無人機噴灑農藥，會大大減少資源消耗和汙染。

在精緻農田裡工作，從播種到收穫，基本上實現了機械化。到那時，鋤頭只能進入歷史博物館，或者擺在景點裡供遊客們懷舊了。

　　在另外一些地方，農田被普遍建成能控制溫度的大棚。大棚有保溫罩，夏天捲起，冬天放下，用機械操作完成。由於大棚能製造人工小氣候，在相當程度上可以避免靠天吃飯的被動性。

　　不光是平原上的田地能如此建設，山區同樣可以。筆者曾經路過雲南，當地人介紹說，有些公司租下山地，投入幾千萬元架設水網，種植香蕉，工人只要操作電動按鈕就可以完成灌溉。

　　如此大規模地改造農田，靠一家一戶的力量肯定是不行的。為此國家每年投入數百億補貼，同時開發出大量先進的農業機械。可以說，未來農業將是高科技應用的一個主戰場。

　　隨著農田走向高精緻化，農民也將轉換成農田管理員，工作過程就是按按操作鍵，看看電腦上的各種監測圖表，他們的工作強度會大幅下降，但所需要的知識水準會不斷地提升。

　　由於精緻農田必須成片建設，所以農田的使用模式也要改變。那些大量使用農業原料的企業，如食品企業和紡織企業，將會成片開發精緻農田。管理農田成為一份工作，從業者不再是傳統小農經濟中的農民。近年來，農業已經成為投資熱點，而這種轉化的基礎就是農田的升級。

　　美國只有 200 萬名農戶，卻是全球頭號農產品輸出國。

未來的中國也將不再需要幾億農民，只需 1,000 萬名左右的農田管理員，他們每人管理數百到 1,000 畝精緻農田。同時，他們必須擁有足夠的科技知識，能夠維修設施設備，甚至不排除他們要取得相關證照後才能獲得工作許可。

如今的農村，很多青壯年紛紛到都市謀生，但隨著農田向高精緻化轉換，農業將再次由年輕人操作。只不過，他們將是新一代的專業化農田管理員。

02 垂直種植技術人員

畝產萬斤。

在很長的時間裡，這句話被當成空想社會主義的笑話。然而，隨著科技的進步，它真有可能實現，前提是使用垂直農場技術。這種農場就是一座座巨型高層溫室，依靠現有技術，可以建到三四十層樓高。於是，在一畝天然土地上打造幾十畝的種植面積，畝產萬斤自然不成問題。

不僅如此，垂直農場用玻璃與外界隔離。即使建在沙漠，一年四季也都可以收成。颱風、乾旱都影響不到它。

擁有這些優勢，垂直農場的產量自然非常高。目前，世界上最大的垂直農場建在美國紐澤西州的紐華克市，占地6,500平方公尺，差不多9畝多。年產各種農作物90萬公斤，一畝天然土地能產出10萬公斤。

垂直農場的優勢不僅是把土地豎起來用。這些建築裡面設置有精密水網，向植物根部輸送水，用水量比露天農業減少95%。要知道，全球淡水消耗70%用於種田。這些水澆到田裡，絕大部分不是蒸發就是流失，被植物吸收的很少。越是未開發國家，農業技術越落後，耗水量越大。而在這些摩天大溫室裡面，水分可以得到充分利用。

另外，垂直農場可以不占用天然水源。現在，城市廢水

會被處理成「中水」，也就是無汙染，但人類不能直接使用的水，目前主要供洗車房這些地方用。將來「中水」會送到垂直農場用於灌溉。

人們討厭農藥，但是露天種地時，細菌和昆蟲到處都是，沒有農藥的話，農作物會減產。而在垂直溫室裡，只要把出入口封閉好，任何病蟲害都能被擋在外面。所以，垂直農場根本無須施用農藥。

垂直農場還有一個好處，就是能建在城市邊緣，直接供應城市居民，大大減少運輸中產生的消耗。有人計算過，像紐約這麼大的城市，在其周邊建大概 160 座垂直農場就可以滿足糧食供應。

垂直農場還有環保價值。要知道，人類對自然最大的改變就是建立了低效率的傳統農業。要餵飽肚皮，就必須大量開墾荒地，但又種不出多少糧食。垂直農場的土地利用率輕易就能提高十幾倍，以現在的十分之一農地，卻能生產更多的農產品。大部分被祖先墾殖過的地方，都將退耕還林。

既然垂直農場這麼好，為什麼還沒推廣呢？原因不是技術，而是前期投入。垂直農場不是在普通樓房裡種作物，而是需要蓋起專業建築。建一座幾十層高、由電腦控制、外覆太陽能板的垂直農場，前期投入至少要數億元，而且幾年都不能收回成本。連農業比較發達的美國、加拿大的小農場主也承擔不起。所以，未來的垂直農場肯定會由大公司來發展。

　　相反的，像新加坡這種土地稀少的城市國家，垂直農場就是福音，所以他們建設了規模很大的實驗種植大樓。

　　到 2030 年，城郊的垂直農場會成為非常重要的食品來源。希望你會喜歡在摩天玻璃農場中養殖、種菜、按控制鍵的工作。

03 太空植物培育專家

澡盆大的南瓜、一人高的冬瓜、彩色辣椒……我小的時候，這些都是科幻漫畫上的內容，現在這些品種已經擺上我們的餐桌了。製造這個奇蹟的就是太空育種技術。

植物種子的遺傳物質會產生變異，育種工作就是保留其中的有用變異。自從人類開始耕作，育種就是個基本任務。中世紀的農夫已經會使用雜交技術培育新種子。

但是在地面環境下，種子變異的過程很慢。相反的，太空裡充斥著高能量的宇宙射線，還有高真空、微重力等因素，都可以對種子進行誘變。於是，農業專家就把種子裝載到太空梭上，希望靠這些地面不具備的環境將它們快速誘變。所以，太空育種又叫空間誘變育種。

相對於傳統雜交技術，太空育種的時間縮短了一半。而相對於地面上的誘變技術，太空育種的效率提高了三到四倍。而且植物種子並不占多少空間，所以太空育種可以搭載在執行其他任務的太空梭上，「搭便車」完成研究。比如「神舟五號」飛船首次進入太空時，太空人楊利偉就帶著種子。

當然，這些太空梭必須能返回，否則就前功盡棄了。世界上只有美國、俄羅斯、中國擁有返回式衛星技術，所以太

空育種這種工作也只有這三個國家可以做。2006 年，中國第一次發射專用育種衛星。現在又研製出世界上第一顆可重複使用的返回式衛星，名叫「廣梅一號」，它的主要任務也是太空育種。

　　經過空間誘變後，種子會發生變異，但未必是人類所需要的變異。這些種子返回後還要進行栽培、觀察、選育，幾代後才能累積出對人類有益的變異。據說成功率只有百分之幾。不過，隨著各國航太科技水準的提高，太空育種的規模會逐漸擴大。

　　植物可以在太空中誘變，動物當然也可以。但是到目前為止，農業技術還僅限於把這門技術用於植物種子，所以才叫「太空育種」，而不是「太空育胎」。

　　中國是農業大國，不僅生產世界上最多的糧食，還生產約占全球一半的蔬菜，對農作物品種有著強勁需求。中國從1987 年開始研究太空育種，現在已經累積研究出 1,000 多個品種。在全球變異品種資料庫中，中國的品種數大概占四分之一，遙遙領先。

　　在太空育種產品中，影響最廣的是「超級雙季稻」。中國種植這種稻已有 1,000 多年的歷史了，這種稻收成過一季後不用再播種，還能再生長一次。經過太空育種，「超級雙季稻」的畝產量創造過世界紀錄。

　　太空育種的全過程不僅是科學研究，還包括種子的推廣

和銷售。為了推廣太空育種的成果，特別成立了太空育種產業聯盟。航太科技集團還在各地建設「太空農場」，專門種植上過太空的種子。

　　展望未來，太空育種將會是一個朝陽產業，無論是投資還是求職，都推薦你去試試看！

04 口味預測分析師

長期以來，飲食和酒類釀造等領域都聘請品嘗師。這些人平時不吃刺激性食物，為的是保持味覺敏感。當他們從事品嘗工作時，通常也不會吃下食物，或者把酒喝掉，只是把食品在嘴裡嚼一下就吐掉。然後，他們會用打分評級的方式，記錄個人感受。香水業也有類似的品評師，靠嗅覺分辨香水的品質。

除了專業品嘗，很多食品行業還用「盲品測試」方式比較產品的口感。盲品測試時把同類食物放到一起，去掉標籤，讓普通人來品嘗。

品嘗工作會幫助企業掌握品質，缺點是只能品嘗成品。將來，運用資訊技術就能在製造過程中預測成品的口味。不過，並不是研發電子鼻或者電子舌，而是用大數據技術分析各種因素與食品口感的關係。

在葡萄酒行業，不同酒莊的土地、當年的天氣等因素，都會對酒的品質產生影響。十幾年前，大數據技術開始進入歐洲葡萄酒行業，專家們會找來不同年份、不同產區的酒，先請品酒師評分，然後分析生產這些酒的原料，研究葡萄在種植期間受天氣、肥料、土壤、灌溉、病蟲害等因素的影響程度，據說涉及的指標多達幾十項。

　　等累積到足夠多的統計樣本後，酒莊人員就在大數據軟體中輸入當年影響葡萄生長的原始資料，軟體就會給未釀成的酒評分。據說，運用這種方法得出的最終結果已經接近人類品酒師的評定。

　　同樣的原理也適用於煮咖啡。英國樸茨茅斯大學數學和物理高級講師弗斯特（Dr. Jamie Foster）帶領團隊，給咖啡製作過程建立數學模型，包括用量比例、研磨程度等。他們將各種方式搭配起來，製作出咖啡並請人品嘗，尋找哪種製作模式的產品更受歡迎。

　　和人們通常認為的相反，弗斯特發現咖啡豆如果磨得過細，會阻塞水流，影響浸泡。如果用量過大，口味也會變差。他們得到的數學模型可以為咖啡店提供精確的製作流程。

　　以此類推，豆漿和茶，或者餃子、麵條這些簡單食品，也都可以透過數學模型，再結合人的品嘗，找到製作過程與口味的關係。這樣就可以做到事先管控，保證少出不良品。至少對簡單的食品而言，大數據的預測結果已經達到超越人類經驗的水準。

　　除了食品本身的口味，廠商還需要知道消費者口味趨勢的變化，而這也需要大數據軟體。著名零售廠商「樂事」常年統計人們的口味變化，據此推測未來趨勢。根據他們的統計，喜愛辣味和酸味的人逐年上升，他們也為此開發出更多

辣味和酸味的洋芋片。

　　無論是預測食品的口味，還是大眾的口味，都是為了讓產品更有市場，這就是口味預測分析師的工作。不過，這份職業的重點不再是親自品嘗食物，而是環繞著各種食品口味設計調查軟體。

05 氣體肥料生產技術人員

　　一提到二氧化碳，人們立刻會聯想到「溫室效應氣體」、「環境汙染」等負面評價。然而，實際上，無論是二氧化碳還是生產原料，都可以用來製作純鹼、尿素和汽水等產品，同時也是優良的滅火劑。此外，二氧化碳還能在人工降雨和舞臺表演等特殊領域發揮作用。

　　如果能把工業排放的二氧化碳都收集起來，賣給這些行業，豈非兩全其美？問題在於這些領域對二氧化碳的用量很有限，大工廠會認為不如直接把它排放掉更省事。

　　將來，會不會有某個生產領域會使用到很多二氧化碳，甚至能消耗如今工業環節產生的大部分二氧化碳呢？有的，那就是把它變成氣肥！

　　植物的光合作用就是一個吸收二氧化碳的過程。所有農產品中的碳，基本都來自於二氧化碳。於是，給農作物施加二氧化碳，就會增加產量。美國科學家在紐澤西做過氣肥實驗，結果蔬菜增產了 90％，水稻增產 70％，大豆增產 60％，高粱達到 200％。當然，由一般人員操作達不到科學實驗的效果，但只要達到最佳效果的一半，那也是相當可觀的。

　　然而，既然是氣體，代表二氧化碳被風一吹就會散開。

人類只要在露天種植的話，就不可能大規模施加氣肥。所以，氣肥的應用是伴隨著大棚農業出現的。大棚裡面的空氣流通不暢，必須人工釋放二氧化碳。

最初，有的農民用點煤油燈的方式提高大棚裡二氧化碳的濃度，但這樣做是變相提高了碳排放。可見，這裡面存在供需不接軌的衝突。可是，如果工廠把產生的二氧化碳提取出來集中運輸，再賣給農民，成本過高，還不如農民自己製造二氧化碳更便宜。

韓國漢陽大學的研究人員研製了一種薄膜，可以解決這個矛盾。它的主要材料是經過熱處理的聚醯亞胺，混合氣體通過它時，其中的二氧化碳被截留，效果可達到從前類似材料的 500 倍！

於是，只要把這種技術用於火力發電廠，就可以大量生產二氧化碳。但問題是，封閉種植對氣肥的需求能有多大？

實際上，人類在封閉空間裡種植，可以四季常綠，作物不怕雨雪和病蟲害，單位面積上的產量能提高幾倍。將來不光是蓋普通大棚，還會蓋效率更高的垂直農場，而氣肥將是它們的主要原料。

目前，人類每年排放的二氧化碳有 300 多億噸，人工碳捕捉的量只有其中的萬分之一，技術複雜、成本高是導致這一現狀的重要原因。

而人類種植的農作物，每年可固定 100 億噸碳，相當於

400 億噸二氧化碳中的碳含量。與人類每年排放的二氧化碳相比，兩者相差不算大。現在的碳排放權交易，並不會減少向大氣層釋放二氧化碳的總量，只是改變了釋放權的歸屬。與其如此，不如大規模做封閉式農業，把氣肥變成它的配套產業。

這樣一來，將來你可以去氣肥廠當一名光榮的綠領工人。在那裡，百億噸二氧化碳將會直接裝瓶，運向封閉式農場。

06　藍藻培養員

　　今日生活在地球上的人類能呼吸氧氣，要感謝一種叫「藍藻」的生物。遠古地球大氣裡幾乎不含氧氣。30 多億年前，藍藻出現在地球的生命舞臺上。它們含有葉綠素，透過光合作用慢慢釋放氧氣，逐漸改變了大氣成分。所有好氧生物都是在它以後產生的。

　　等現在的好氧生物形成一定的規模後，藍藻便功成身退，在今天它已經不是主要物種。我們只能從「藍藻爆發」等負面新聞裡聽到它的消息。由於化肥、糞便等營養物質進入河流，一些地方會有藍藻滋生。

　　有些品種的藍藻能釋放肝毒素，汙染水質，導致人類患上癌症。所以，大部分情況下，藍藻在新聞裡是一種具有危害性的生物。

　　然而，藍藻也是個大家族，有 2,000 多個品種。生活中常見的不少營養品就是藍藻，比如螺旋藻。螺旋藻最初被製成片劑，價格不菲，現在已經成為常見食物。

　　有一種叫髮菜的食物就是藍藻。中國寧夏等地的農民挖掘天然髮菜出售，導致當地環境惡化。地木耳是另一種藍藻，它形似木耳，吃法也很類似。美洲阿茲特克人在古代也食用藻類。

中國湖南、四川等地出產的葛仙米，也是一種藍藻。它是當地的傳統食材，看上去像珍珠奶茶裡面的珍珠。野生葛仙米的蛋白質含量很高，在過去，它甚至被當成珍貴的藥物。

這些藍藻類食物被烘乾後，幾乎有一半是蛋白質，其營養價值極高。不過，上述食物都有一個特點，就是產量少、價格高。

藍藻號稱「先鋒物種」。幾十億年中，它們廣泛分布於高溫或低溫惡劣的環境裡，生長在鹽湖、荒漠、冰原甚至石頭的表面。所以，人工種植藍藻類食材，並不會與普通農作物爭奪土地資源。

有鑑於此，聯合國建議把藍藻食物作為貧困國家人民的營養品並進行推廣，而這需要廣泛的人工培育。在湖南就有種植葛仙米的傳統，所以當地有上萬畝地用於培養葛仙米。將來，人們用工業方法養殖藍藻，很可能會利用城市廢水或在荒漠上進行。

所以，人們不再從野外採摘，而是大規模種植藍藻類食材，這也是未來農業的重要內容。未來，藍藻、地木耳、髮菜、葛仙米大量上桌，改變人們的飲食結構。由於這些食物通常被當成營養品，其商業價值高，所以這一領域會吸引資本大量進入。

擔任藍藻培養員，是一份既乾淨又安靜的職業。工作的

主要內容是操作機械建設藍藻池，投入藻種和養料，觀察藍藻的生長，這還是 ·份極具環保價值的工作。如果說有什麼缺點的話，就是藍藻培養場通常遠離人類聚居區，需要員工犧牲一點生活便利性。

07　帶魚養殖員

帶魚是怎麼養殖的？

從前，這道題是用來給別人「挖坑跳」的。帶魚是深海魚，由於生理構造的原因出水即死，所以我們只能購買冷凍帶魚。不過現在，水產研究所已經在研究怎麼養活帶魚，而且是在 1.5 公尺深的淺海裡。

這些魚現在只能養殖兩個月，體型還很小，達不到商業要求。但是透過不斷地改進技術，估計二三十年後，人們會從市場上買到新鮮的活帶魚。

為什麼要研究養殖帶魚？這屬於廣義的海產養殖業。遠古時代，人類靠打獵解決吃肉問題。隨著人口增加，打獵不能滿足實際需求，必須飼養動物。現在，人類主要靠畜牧業解決陸地食用動物的來源，野生動物也同時得到保護。

人類從大約 3,000 年前開始飼養淡水魚類。因為長期捕撈海洋魚類，導致海洋生物資源迅速枯竭。另外，海洋捕撈作業遠離陸地，風險極高。電影《天搖地動》就改編自遠洋漁民遇難的真實案例。

直到 20 世紀中葉，一些主要海洋生物資源開始枯竭，各國被迫制定禁漁、休漁政策，人類開始改捕為養，研究各種養殖技術，包括增殖放流和人工魚礁等。除了海魚，人類還

學會飼養貝類和頭足綱。大連獐子島就以養扇貝著稱。頭足綱包括墨魚、章魚這些品種。

臺灣人喜歡吃墨魚和黃魚，所以這兩個品種早就實現了商業化養殖。南部人偏愛的石斑魚，甚至可以用調配過的海水在陸上的水池裡養殖。

近幾年，大家開始食用鮪魚、鮭魚這些海魚，並且需求量與日俱增。最初，這些魚類也靠捕撈。有專門的鮪魚船，一出海就是一兩年，把捕到的魚凍起來，數量夠了才運回來賣，漁民們非常辛苦。但是需求量大，靠捕撈供應不上。所以，澳洲人開始養殖鮪魚，挪威人在養殖鮭魚。

中國則是全球最大的水產品消費國，水產養殖行業在過去 30 年增長了十倍！目前產量已經占全球 60％以上。僅每年作為飼料消耗的幼雜魚就接近 1,000 萬噸，這些人類不吃的小魚被製成魚粉，投餵給飼養的海魚。

與我們吃慣的豬肉、牛肉和羊肉相比，海洋動物的營養價值更高。展望未來，人類會減少食用陸地動物的比例，而更多地食用海洋動物。

現在，各國近海已經出現大批「漁場」。由於人類研究養殖海產品的時間並不是很長，所以與有一萬年歷史的陸上畜牧業無法相比。如今，海產品整體還靠捕撈，但這個領域受技術推進的作用更明顯，像帶魚養殖一類的新技術會層出不窮。

　　估計 50 年內，海產品的飼養量就會超過捕撈量。到了那時，不光是我們餐桌上的海產品能得到保障，野生海洋動物也會受到保護，一舉兩得。

　　希望在未來，你會在海洋牧場裡大顯身手，比如，去飼養活帶魚。

08 高危職業 ── 屠宰工

　　殺豬宰羊，曾經是每個農戶都要掌握的技能。當商業達到一定的規模，又產生了專業屠戶，《水滸傳》裡被魯智深打死的「鎮關西」就是屠戶。都市化以後，各地更建起專業屠宰場，為都市居民供應肉食。

　　不過，屠宰工這個行業可能快要消失了，原因就是人造肉技術的出現。

　　很早以前人們就有夢想，不用宰殺動物就能吃到肉，或者是類似肉的食物。最接近這個理想的天然食物叫做「太歲」，或者是「肉靈芝」，它是細菌和真菌的複合體，可以在地下長到 100 多公斤。這種複合體不進行光合作用，挖到後泡在水裡可自行生長。吃起來的味道和肉相似。不過它很難找到，生長得也很緩慢，一公斤的售價可以達到十萬元左右。

　　1953 年，美國化學家波耶爾拿到了第一個人造肉專利。他用的原料是大豆，全稱大豆蛋白肉，其實就是改變大豆製品的外觀和口感。其外觀與口味仍然接近豆製品，腥味重。再後來，素食餐廳使用大豆製作仿製肉食，遠比當年的蛋白肉更接近真實的肉。

　　不過，最近流行的人造肉可是貨真價實的肉。科學家從

動物身上取下肌肉細胞，在人工環境下培養，形成人造肌肉。2000 年，美國杜魯大學生物科學團隊用金魚細胞培養出最早的人造魚肉。後來，人們又用雞的肌肉細胞培育人造雞肉，用牛的肌肉細胞培育人造牛肉。

從理論上講，任何細胞從軀體上分離出去，只要提供類似的環境，它們都能生長。這些環境因素包括溫度、酸鹼度、氧等。不過，要用人工方式創造與動物體內環境一樣的微環境，成本非常高。比如，動物細胞靠微血管供養。單獨把肌肉細胞取出來培養，沒有微血管的話，就只能培養出有幾層細胞那麼厚的薄肉片。

所以，現在的人造肉只能做肉餡，幾千片摞起來才能做一個牛排。第一個「人造肉餅」的成本高達 30 萬美元，現在才剛降到一公斤 1 萬美元。顯然，這種人造肉離商業化還有距離。

不過，只要社會對人造肉有需求，生產規模上升，它的成本就會下降。人類靠畜牧業提供肉食，需要使用很多糧食。比如，美國人平均每年消耗上千公斤糧食飼養牲畜，而生產糧食會消耗土地和淡水。牲畜本身也是碳排放源，6 頭牛的碳排放相當於 1 輛家用轎車。畜牧業還會產生大量糞便，汙染環境。

僅就肉本身而言，攜帶的禽流感病毒、狂牛症病毒等會感染人類。畜牧業使用的激素和抗生素，最終也被人體攝

入。而人造肉的生長環境遠不需要消耗那麼多資源，而且可以排除上述危險。

　　還有一個原因，就是隨著生命倫理意識的變化，越來越多的人難以接受屠殺動物來吃肉這一事實。所以，在不太遙遠的未來，人造肉的價格會降到天然肉的水準。屆時，屠宰工就會成為歷史。

第四章　與商業有關的職業

—— 新商業模式：突破傳統經營的限制

超市、專賣店和銀行，形成了普通人對商業的印象。其實，商業的本質是估算物品的價值，再把它們送到有需要的人手裡。所以，商業建立在資訊和交通兩項技術的基礎上。隨著科技的突飛猛進，未來的商業可能會是另一種面貌。

01 直播銷售員

　　新冠肺炎疫情，讓「直播購物」紅遍網路。不光明星、「網紅」從事直播購物，有些地方的官員也加入這個行列。

　　直播銷售來源於電視購物，靠一張臉推銷商品。電視購物出現後，最初只是播放商品廣告，後來便安排專門人員和專門時段，推銷各種商品。電視購物在已開發國家已經存在了半個世紀，在臺灣也有 30 年的歷史。

　　如今，有些電視臺還保留著「購物頻道」，但是舉步維艱，電視購物主持人的收入也在銳減。原因就是大量影音網站降低了「直播」門檻，使得普通人和小企業都能進入這一行。這類網站出現於十幾年前，剛開始只能播錄製好的影片，最近幾年才有開始做直播，這樣一來就完全替代了電視購物。

　　從此，一個人只要拿起手機，就可以像電視臺主持人那樣面對大眾。至於有多少人觀看，則完全靠推銷的功夫。所以，電視臺不再有直播優勢。由於受到時段限制，電視購物的範圍再廣，一次也不過有限幾種，完全無法與大規模的網路直播相比。

　　一名直播銷售員可以只推銷幾種家鄉特產，或者特定的幾樣工業產品。他們會圍繞著這些商品做很多期影片，把它

們的價值、性能、使用要求說明清楚，還能做實際演示，回答網友提出的問題。成千上萬種的商品，都可以這樣細緻地給予介紹，這就需要成千上萬名直播銷售員。

直播購物有很多種形式。有的直接了當，拿起商品就講；有的則會編一套故事情節進行促銷；還有的辦講座，並不直接談商品，但是會在螢幕中附上商品連結。

直播銷售員的門檻不高，人人都能進入這行。門檻下降則直接導致信用下降。不需要經過像進電視臺那樣專業的訓練，而且很多直播人員既不是明星也不是「網紅」，都是普通人。於是，大眾就產生了「誰值得相信」這種疑問。在這一行，直播銷售人員的公信力比話術更有意義。

相信過不了多久，就會有一批直播銷售網紅，希望你也能加入他們的行列。

02 金融科技師

金融不就是管錢嗎？還需要高科技嗎？

其實，正是因為金融的核心就是錢，從人類用金屬鑄造貨幣開始，就不吝惜成本地把最先進的科技投入金融，以保證錢的製造、儲存和流通。從紙幣到電子交易，再到數位貨幣，金融業融合了每個時代最尖端的資訊技術。比如，紙幣為了防偽，總是要用當時最高端的造紙技術和印刷技術。

1980 年代，電腦網路剛向社會普及時，金融業就成為最早的使用者。已開發的國家證券交易所很早就實施了電子交易。1987 年 10 月，美國證券交易所還因為程式交易導致暴跌，成為經典案例。

當防火牆技術產生後，金融業也是第一時間加以運用。很多大型資訊公司的基本業務，就是幫助銀行建立防火牆。

2006 年，美國次貸危機爆發，使得全球經濟衰退好幾年，背後原因就是當年的金融科技還不像今天這麼發達。那時，美國的一些金融機構把錢借給現金流很差的個人，幫他們買房子，然後再把這些債權出售。購買債權的人沒有條件逐一實地考察那些住宅社區以及客戶，全靠對金融機構的信任下單。

今天，透過生物識別等技術，任何成年人的徵信都可以

方便地查看，已經不可能再發生這種事情。

如今，與金融有關的科技包括大數據、雲端運算、生物資訊等。比如：臉部識別技術開發成功後，金融業立刻加以運用，至今仍然是最大客戶。

金融業內部管理的提升，對科技也有進一步的要求。以前，社會缺乏資訊共用，所以貸款專員是個很吃香的行業。他們會跑到各個企業，透過調查，了解客戶的經營情況。其中不乏有人利用監管漏洞，與貸款方合謀套取銀行資金的。如今，這種人對人的私下接觸在銀行業不斷減少，被方便的徵信調查取而代之。只要動動滑鼠，輸入幾個數字，就能得知一個企業真實的現金流。

如此方便，靠的就是金融科技這個幕後英雄。所以，銀行一線人員的比例不斷下降，留下來的人的薪水也在下降，金融科技人員的地位則不斷上升。

以前，金融行業很少僱用科技專業人才，而是把技術工作外包給資訊公司。隨著金融業本身規模不斷地膨脹，使用的高科技手段越來越多，金融行業也產生了自組科技隊伍的願望。

從此，開始有了「金融科技師」這個專門職業，而且，在越大的金融科技市場，這個職位更是前途無量。怎麼樣，你動心了嗎？

03 遠端維修員

家裡的電器壞了怎麼辦？打電話請人上門維修？這樣，你不光要付維修費，要約好時間等人，還要擔心維修師傅能不能一次解決問題。將來可能會有一批遠端維修員，在手機那頭指導你維修電器、熱水器，甚至家裡的各種物品。

從上門維修走向遠端指導，與整體技術水準的提升有關。手工業時代，修理東西也需要高技術，比如提起「修錶匠」，大家就會聯想到一位老人戴著眼鏡在修理機械手錶。當然，他們也都要從年輕時開始做學徒，需要累積經驗，才能成為修錶專家。

從前，遠端維修只在企業裡實施。一些企業購買機器設備後，通常會因為操作失誤導致設備出現問題。若是請設備廠商派人上門維修，既費時又費錢。由廠商在電話裡遠端指導，可以解決比較簡單的問題。

隨著製造技術的提升，產品變得更加模組化，對修理技術的要求反而降低。如今各種家用設備相較於過去變得更加複雜，但經過簡短培訓的維修人員仍能勝任工作。因為設備內部的許多零件都被整合在一起，往往不需要修復整個設備，只需找到受損的部分，然後更換即可。

另外，造成家電故障的原因中很高的比例是使用不當。

很多情況下，家電並沒有出問題，只是使用者操作失誤，維修師傅即使上門，只要擺弄幾下就能恢復正常。其實顧客是白花了維修費。

　　還有一個重要因素，就是維修費用越來越高。維修是人工工作，當一個社會的收入水準提高時，維修的人力成本往往也在上升。

　　為家庭服務的遠端維修最先在已開發國家成為現實。1970 年代，因為上述各種原因，一些家電公司開設「客服專線」。顧客撥通後，服務人員一步步教顧客如何正確地操作。很多情況下，家電不用更換任何零件，顧客在服務人員的指導下就能將其恢復正常。

　　在這種服務中，顧客不用再付錢，但是家電公司要付「客服專線」指導人員薪水，他們成為最早的遠端維修員。不過，那還是在座機時代。進入網路時代，電腦成為大規模應用遠端維修的第一種家用設備。透過遠端操作，維修人員可以直接修復使用者的電腦。

　　如今已經進入智慧手機時代，遠端維修有了影片幫助，可以普及到電腦以外的多種家用設備。最近筆者就體驗了一次。原本我想請師傅上門幫我偵錯網路電視盒。結果，師傅要我把每一步操作後螢幕的顯示情況拍照給他，直接在手機裡指導，就這樣完成了服務。

　　這並不是正規的遠端維修，師傅不上門是因為他還有很

多工作，而我要解決的問題又不需要更換任何硬體。將來，家電公司、廚房衛浴公司，甚至汽車公司都會僱用遠端維修員，透過影片指導使用者自己動手。所以，遠端維修員將成為十分普及的職業。

04　科學寶物鑑定員

　　你看過寶物鑑定節目嗎？在這類節目中，民間收藏者把自家寶貝拿到現場，請專家鑑定。專家們看一看、摸一摸，全憑經驗判定真偽。有的收藏者發現寶物被鑑定為贗品，氣得當場砸碎。

　　靠著這種戲劇化場面，寶物鑑定節目獲得過不低的收視率。不過，它離現實中的文物鑑定越來越遠了。將來，你遇到的可能不是老專家，而是手持高科技工具的年輕人。

　　用科學技術鑑定文物，已經有很長的歷史，熱釋光就是個重要工具。一件物品製成後，就開始吸收外界輻射，並在物品內累積。熱釋光技術透過測量文物中殘餘的輻射能，可以推斷出它製成的年代。

　　目前，熱釋光技術的誤差已經小於 50 年，檢測範圍則擴大到 50 年至 50 萬年之間。這對文物來說已經足夠了。利用熱釋光技術不僅可以鑑定出當代仿製品，也可以鑑定出用近代產品偽造的遠古文物。

　　不過，贗品製作者也開始熟悉這種技術。他們製成贗品後，會用 X 射線進行照射，提升輻射含量，這樣做會干擾熱釋光的鑑定成果。所以，文物鑑定界又開始使用更準確的能量散射式 X 射線螢光分析技術。

任何物品都是由很多元素構成的，包括宏量元素、微量元素與稀有元素。即使都是青銅器，或者都是瓷器，在不同時期和不同產地，它們的元素構成也各有特點，不會絕對相同。比如，某個窯裡燒製的唐三彩，其元素構成不同於其他窯裡燒製的唐三彩，也不同於這個窯在之後的某個時期燒製的唐三彩。即使工藝沒變，周圍空氣、水和原料成分都會有變化。所以，元素構成就是文物的「指紋」。能量散射式 X 射線螢光分析就是找到這種「指紋」的技術。沒有贗品製作者能夠還原歷史中某地原料的全部元素構成情況。

不過，單純地分析某件物品中的元素構成，還無法對它做任何判斷，必須與資料庫進行比對才行。這和警察要透過資料庫才能查出某個指紋的主人身分是同一個道理。所以，進入這個資料庫的文物資料越多、越豐富，鑑定準確率就越高。

由於這個資料庫只會增加，不會減少，展望未來，利用它有可能是最精確的文物鑑定方法。

另外，即使不採用物理手段，僅憑觀察來研究文物，現在也有了很多新的方法。比如，利用顯微鏡可以把文物放大 200 倍左右，能更好地觀察材質的細節。還有一些文物鑑定的應用程式，使用者可以手機下載，遠端鑑定。

隨著人們收入的提高，收藏品行業的規模不斷增加。然而，僅憑個人經驗和肉眼進行鑑定，錯誤率非常高，也很難

排除故意偽造。客觀、公正的高科技檢測，勢必會取代「老師傅」，而社會對高科技文物鑑定員的需求也會大大增加。

05 高危職業 ── 線上客服

中國被稱為「世界工廠」的同時，印度被稱為「世界辦公室」。由於以英語為官方語言，大量的印度人能夠熟練地使用英語，印度因此成為「商業流程委外」的頭號國家。

這種外包不是請印度人到歐美公司做客服，而是當使用者打電話給歐美公司時，直接轉接到遙遠的印度，由印度客服在當地處理問題。由於薪資和其他費用遠低於已開發國家，大量的客服業務流動到印度。

然而，人工費用再便宜，能比人工智慧更便宜嗎？雖然不知道印度現在的商務流程委外的生意怎麼樣，但是在臺灣，很多這類工作已經轉給自動問答系統。

2020 年，當我第一次從某個保險公司的服務電話裡聽到智慧客服回答問題。當時的第一反應就是轉接人工客服。原因是智慧客服聽不懂我的話，另一個原因是當時我認為真人才能承擔責任，如果這次諮詢產生什麼不利後果，我要如何追訴一個程式呢？

然而，智慧客服具備超強的學習能力。一年下來，我已經習慣跟它們打交道，並且不再轉接人工客服。至於後一個擔心，由於智慧客服一直沒出錯，我也就把它放下了。

理論上來講，只要一家公司需要大量客服，就可以使用

智慧語音客服軟體。不過，目前這種軟體還集中在通訊行業和金融行業中使用。其中原因之一是這兩個行業的工作高度程序化，顧客所提出的問題也高度統一。對智慧語音客服軟體來說，如何辨別客戶的口音反而更重要。

這兩個行業的客服是「真正的客服」。它們被動接聽時，只需要回答客戶提出的問題。只有主動撥打時，才會有推銷任務。所以，這兩個行業還會保留一部分人工客服。那些有著推銷任務的行業，如販售保健品，則一直沒有提供智慧客服的例子。

除了能聽清楚客戶的話，智慧客服還有另一個優勢，就是字正腔圓，比起帶有口音的人工客服能更容易讓客戶聽懂。另外，智慧客服沒有脾氣，避免了與客戶發生直接衝突的可能。

如此一來，留給人工客服的就會是比較複雜，處理起來需要用專業知識進行分析的問題，比如遠端指導電器維修。一些名為客服，實為推銷員的職位也會保留給人工。儘管如此，僱用上百人接電話的壯觀場面正在陸續消失。線上客服正在退出歷史舞臺。

06 高危職業 ── 司機

在軌道交通上使用自動駕駛並不新鮮。

當車輛行駛在一條線上，路況簡單，即使是蒸汽機時代，司機也不需要全程操作。城市的軌道交通其實也具備無人駕駛的條件，只不過出於安全考慮，很多城市先在機場、碼頭這些地方實行。

汽車無人駕駛更受關注，因為要在複雜的路況中穿行，更為考驗人工智慧的水準。1961 年，第一輛實驗性的自動駕駛汽車誕生，其外表更像人工智慧實驗裝置。這輛車用車載攝影鏡頭收集外部資訊，透過人工智慧進行判斷。結果，20 分鐘才開出 1 公尺遠。這相當於自動駕駛技術的「草履蟲階段」。

1995 年，自動駕駛汽車飛速進化到「恐龍階段」。那年，卡內基美隆大學的研究人員把一輛卡車改裝成「半自動駕駛車」。它透過攝影鏡頭尋找路線，自動轉彎，人類駕駛員負責踩油門和煞車。

從 2004 年開始，美國國防部高等研究計劃署連續舉辦了三次自動駕駛比賽，大幅提高了這一領域的技術水準。第一次，冠軍得主走了大概 11 公里；第三次，冠軍得主走過的路程超過了 160 公里。

2009 年，網路公司 Google 代替人工智慧科學研究團隊，

成為自動駕駛技術的推手。Google 擁有導航優勢，可以方便地獲取全球路況，由電腦制定駕駛策略。以前的實驗品都是對現有汽車進行改造，Google 則生產了第一款全自動駕駛車。它沒有油門和煞車，完全不用人類操作。

直到這時，傳統汽車廠商才對自動駕駛產生興趣。他們迅速改造車型，以適應自動駕駛的需求。

自動駕駛取代人類司機，會先從短途公車開始。因為公車的路線固定，路況簡單。

2017 年，第一趟無人公車出現在德國巴伐利亞州溫泉療養地巴特比恩巴赫鎮，路線長度僅 700 公尺。

戴姆勒公司則推出了全球首輛無人卡車，並在美國內華達州獲得牌照。接下來，自動駕駛會在長途卡車貨運領域取代司機。這種路線比公車長得多，但是路況相對簡單。至於在城市街頭穿行的計程車司機，可能會在最後被取代。

人們當然擔心自動駕駛的安全性。其實，這除了取決於技術，更多地取決於有多少比例的車輛使用無人駕駛。

如果只有一輛自動駕駛車穿行在人類駕駛的車輛當中，當然會很危險。但如果路上有幾成的車輛都是無人駕駛，它們自帶的自動避讓功能會遠遠躲開對方，並形成一個協調的網路。

根據測算，自動駕駛的事故發生率比人工駕駛低了不少！要知道，全球每年約有 50 萬人死於車禍。所以，從某種角度上講，自動駕駛可以挽救很多人的生命。

　　無論從安全性角度考慮，還是考慮成本，職業司機都不占優勢。未來，駕駛只是一種生活技能，甚至只是一種業餘愛好。

07　高危職業 —— 會計

1990 年，筆者踏上教育職位，發現學校還開設一門珠算課。學生不僅要練習打算盤，還要考證書。在當時，算盤是會計行業的象徵。每次路過各公司的會計部，都能聽到打算盤的聲音。

電腦在哪裡？當時，電腦只有大型企業才有，被鎖在機房裡，奉為「高科技設備」。大學畢業前我們曾經上機實習，進機房前要換上棉拖鞋，理由是防靜電。然後在只有黑白兩色的螢幕前，編寫幾個小程式讓它運行。

當時的我想像不到電腦會擺上每個人的辦公桌，而算盤在幾年後就從工作環境裡消失了。把電腦請上舞臺的就是會計電算化技術。

會計工作的主要內容是處理財務資料，而電腦的主要本領也是處理資料。讓電腦當會計，幾乎順理成章。不過，這段路走過了漫長的幾十年。

傳統社會的交易活動很少，一群會計拿著算盤就能應付。現代化過程則讓交易活動增加很多倍，需要大量的記帳、覆核和統計工作。如果仍然用手工工作，工作量會十分驚人。

有學者曾在 1960 年代做過預測，如果從事經濟資訊處理

的職業按當時的發展速度膨脹，到 2000 年，所有的成年人都得去處理帳目。

1954 年，美國奇異公司開始用電腦統計員工的薪水，這是會計電算化的開端。當時，電腦是個如同櫃子般巨大的機器，被放在專用機房裡，只有專業電腦操作人員才會擺弄它。各部門要按時段租用電腦，請專家操作。

靠這種「老爺機」做會計工作，只能處理單項資料。

1970 年代末，家用電腦出現，很快的，它們被擺上辦公桌，小企業甚至個體戶都開始用電腦工作。不過，當時的很多資料還是用紙來記載或保存，比如手寫的帳單或票據。因為把這些資料登錄進電腦需要很多人力，所以這種電腦處理和手工操作並行的模式延續了很多年。

後來，像超市收銀機這種設備越來越多，經濟資料在第一時間就變成了電子資訊。

1989 年，股市直接使用電腦操作，每筆交易在發生時就是電子資訊，然後匯總到有關企業的帳目當中。在今天已經司空見慣的事，當年卻是劃時代的創舉。至此，才發展到甩掉手工記帳本的時代，主要靠電腦記帳與核算。

直到這時，使用電腦的會計工作還只是用於企業內部管理。網路普及後，各企業都接入網路，會計工作也是一樣。

今天，剛畢業進入職場的會計就會用電腦工作。然而，電腦能代替的不僅是算盤，還有會計行業本身。至少，那些

只會記錄原始交易資料的低階會計,將沒有存在的必要。特別是大數據技術的應用,能即時處理成千上萬次交易過程。像蝦皮、中華郵政這樣龐大的企業,可以隨時追蹤商品的交易過程,這是手工會計時代完全不可能實現的。

　　未來,幾乎所有交易資料的形成和匯總都由電子流完成。政府和企業所需要的,是從這些資訊中找出規律、發現問題的資料分析師,而不再是會計人員。

08 高危職業 ── 收銀員

幾十年前，收銀員這個行業還不存在。

收銀員的前身是售貨員。那時商品的包裝程度低，多為散貨。售貨員的主要工作不是收錢找零，而是秤量和包裝。

當年，這個行業需要很有技巧。有些百貨公司糖果櫃檯的售貨員就練有「一抓準」的絕技，無論顧客要幾斤幾兩，他在糖果堆裡抓一把，就是那個分量。

小時候，我喜歡在大人購物時，看售貨員用牛皮紙包裝商品。不管是什麼小物品，都在他們手裡團團飛轉，整齊地用紙繩綁好。然而，即使這門手藝再高明，也無法與機器相比。更何況，很多售貨員並沒有「一抓準」的那種技能，服務態度也不好，反而成為銷售的障礙。

1916 年，世界上第一家超市出現在美國曼非斯市。

到了 1990 年代末，超市已經在大城市中普及。

超市將包裝和秤量工作從售貨員手裡分工出去，90%以上的商品上架前已經秤量完畢，顧客只需要結帳就好。超市商品都有文字說明，過去售貨員要用口才推銷，這個環節被大幅簡化了。當年不少顧客喜歡待在小商店裡和熟悉的售貨員聊天。而現在的收銀員除了幾句標準用語，不可能和顧客攀談。由於他們的工作整天低著頭，即使你經常去某個超

市，也不一定記得住收銀員的長相。

不過，收錢找零錢這個環節也需要心算技能，手快總好過手慢，熟練的收銀員也算是技術職缺，這個職位存續了幾十年。如今的芬蘭女總理，年輕時就是一名收銀員。

然而，電子貨幣的誕生把收錢找零這個環節又簡化了。如今，很多超市在出口豎起電子支付終端機。顧客從登記商品到結算，完全不需要跟人打交道。

現在，超市還會在這些支付終端機旁邊安排收銀員，他們要幫助顧客熟悉機器的使用方法，並監督顧客。這樣一來，收銀員的技術含量已經壓縮到了最低。某個職位一旦失去不可替代性，離淘汰也就不遠了。

2016 年，美國亞馬遜公司開辦了全球首家無人商店，很多商家紛紛跟進。在那兩年形成一波開辦無人商店的風潮。顧客掃碼進門、自主選購、結算支付、解鎖出門，全程不用跟人打交道。

當然，無人商店並非完全不用員工。送貨、理貨、打掃環境仍然需要人的參與，只是省去了收銀員。

可能是過於前衛，這些無人商店很少盈利，而且基本都是小店，一時間仍代替不了大超市。但無人商店代表著一個發展方向。

從小習慣資訊化的年輕消費者成長後，上萬平方公尺的無人超市會應運而生。

　　這個趨勢算是進步嗎？筆者覺得還算。所謂商業，無非就是把貨物盡快從生產者手裡，送到消費者手中。中間環節的成本越低，越有利於消費者。

09 高危職業 —— 運鈔現送員

頭戴鋼盔、身穿防彈服、手持槍械，著這身行頭的人可能是特種兵或者防暴警察，也有可能是一名運鈔現送員。

銀行因為存有大量的現金，於是運鈔現送員和他們的標準工具 —— 運鈔車，開始出現在大街小巷。

如今，各國的經濟規模皆比當年擴大了幾十倍，現金流也水漲船高。然而搶劫現鈔的案件卻逐年下降，這是電子貨幣取代實體貨幣的功勞。

理論上，貨幣只是資訊載體。最值錢的不是貨幣本身，而是貨幣所承載的價值。

人類使用貴金屬貨幣時，這些貨幣本身也具有一定價值。然而，貴金屬的供應相對有限，難以滿足不斷擴大的經濟需求。因此，人類必須轉向使用更具紀錄價值功能的載體，即紙幣。紙幣被視為過渡性物品，它本身並無實質價值，其價值來源於法定規定。儘管如此，紙幣仍屬實體物品，在現實世界中需要被運輸、交易。這不僅需要支付流通成本，還需要防範紙幣偽造等犯罪行為。

電子貨幣展現了貨幣真正的本質，它只記錄價值和數量，連實體都沒有。

最早的電子貨幣其實就是金融卡，它靠磁條和晶片記錄

使用者資訊。由於必須有密碼才能在機器上操作，所以金融卡很少成為搶劫和盜竊的對象。小偷盜竊錢包後，總是會拿走裡面的現金，扔掉金融卡。

截至 2019 年，每個成年人錢包裡都有一堆卡。透過自動提款機辦理各種轉帳業務已經十分普遍，大量貨幣透過電子訊號在網路間流動。

接下來便是真正的電子貨幣。

最初，個別的網路公司發行虛擬貨幣，只在該網站的業務範圍內流通。以中國為例，著名的「Q 幣」就是典型。它本身有價值，但從誕生起就沒有物質載體。這種數位貨幣，也經常出現盜竊案。不過，已經從現實搶奪轉向了駭客行為。

當 LINE Pay、Apple Pay、街口支付、支付寶、微信支付等相繼出現後，電子支付大行其道，尤其在中國，幾乎取代了紙幣。連路邊商販都在使用電子支付。很多小商店因為很少有紙幣交易，平時都不準備零錢了。

紙幣不復存在，為保護紙幣而產生的運鈔現送員行業，自然也即將消失。

讀完全書後你會發現，商業領域中的「高危職業」最多。原因在於商業高度依賴於資訊，需要大量人力收集、處理資訊。只要資訊技術在發展，就會減少商業環節中的人力。而資訊技術恰好是這幾十年技術革命的中心，新發明最多，效率提升得就最快。

第五章　與資訊有關的職業

—— 科技之翼：區塊鏈、AI 與飛手的崛起

發生在我們身邊的這次技術革命，又被人稱為「資訊革命」，資訊技術是突破的重點。當然，它也是創造新職業，吸引年輕人的重點。下面這些來自資訊業的新職位都有一個共同點，就是從業人員的平均年齡明顯低於傳統行業。

01 人工智慧訓練師

　　山西是中國的產煤大省。隨著技術升級，很多中小煤礦合併成大煤礦，被解僱的員工很多。他們將來的出路在哪裡？答案可能是去訓練人工智慧。

　　這聽起來有點離譜，但卻已經成為現實。這個新行業叫做人工智慧訓練師，2020 年 2 月已經進入國家職業名錄。中國的百度公司在山西建設的數據標註師園區，主要的業務就是人工智慧訓練。目前園區已經有 2,000 多名員工，其中不少來自煤炭行業。未來，這裡將有 6 萬人轉行去訓練人工智慧。

　　與科幻片中的人工智慧（以下簡稱 AI）不同，現實中的 AI 就像剛初生的嬰兒，但它們不能自己學習，必須有人把不同情境中的資訊傳遞給它們，人工智慧訓練師應運而生。

　　因為「雙十一購物節」的流行，在那幾天，網路商城的客服工作會十分繁忙。後來，人工客服已經無暇應付，於是他們開始引入 AI。但是公司發現，客戶用各地方言諮詢，很多情況下 AI 程式難以分辨。於是，他們從 2015 年開始專門安排員工，對各種 AI 客服進行訓練。

　　這幾年，銀行、保險等部門紛紛使用 AI 客服。剛開始它們笨得很，常常氣得客戶想改撥人工服務。但是後來，這些

AI 客服能聽懂越來越多的自然語言，包括各種方言。這就是背後大量人工智慧訓練師的貢獻。

接下來，人工智慧訓練的範圍將擴大到自動駕駛、導航、醫學影像識別等領域。比如，新冠肺炎疫情期間，醫生們要辨別大量的肺炎影像圖，以便區分普通肺炎病人和新冠肺炎病人。而百度山西數據標註基地就承接了相關任務，透過資料標註，讓 AI 學會識別醫學影像。

另外，疫情期間大家必須佩戴口罩出行，這對人臉識別造成阻礙。而透過資料標識，人工智慧訓練師已經教會程式如何識別戴口罩的人臉。

有人擔心，這個職業是否「教會徒弟、餓死師傅」？人類把經驗輸送給人工智慧，導致人類進一步丟了工作。其實，人工智慧需要學習的內容十分廣泛，幾乎涵蓋整個現實世界。所以，這個行業至少還能持續一兩代人。

02　資訊整理員

《大趨勢》、《第三次浪潮》、《未來學概論》……1980 年代流行的未來學著作都提道：人類即將面臨資訊爆炸，未來要擔心的不是到哪裡獲取資訊，而是迷失在海量資訊中無所適從。

當時，我們還生活在知識匱乏當中，很難想像「知識爆炸」是什麼樣子。那時，我們去圖書館都要帶著筆記本，看到有用的內容，必須一筆一筆抄下來。當時已經有影印機，但是窮學生用不起，有人便會偷偷撕下其中某頁帶走。所以，我經常在圖書館裡發現缺頁的刊物。

大概 20 年前，一批網際網路公司開始誕生，但是它們規模小，沒錢付給傳統媒體新聞版權費。所以，最早的網路上沒什麼有價值的東西，只有一批人在電子布告欄系統（BBS）上貼東西。

後來，頭部的網路公司逐漸累積資金，開始購買新聞使用權。接著，一些小型報紙的新聞內容只有上了網，才能擴大影響力。最終，新聞機構面對突發事件時，常常引用網友的文字、圖片和影片，使人們開始懷疑是否還需要獨立的新聞機構。畢竟在網路上似乎能找到各種資訊，不是嗎？

在這個過程中，網際網路上的資訊總量以每三年一倍的速度增加。很多曾經久聞大名，但是找不到紙本書的名作，

都能從網路上找到電子版。不知不覺間，我們已經進入當年書本上描述的資訊爆炸時代。

然而，有位在網際網路從業 20 多年的朋友對此表示了憂慮。網路資訊中的有用成分已經被大幅稀釋。你上傳一本世界名著，別人就上傳幾十本垃圾書籍。滑鼠所到之處，都是無聊的「口水仗」。更有網際網路公司使用演算法，根據網友需求，推銷他們想看到的東西，結果形成「過濾氣泡」。網友以為是在自由衝浪，其實是待在網路公司為他個人布置的資訊空間裡。

這位朋友的對策，就是建立專業的資訊整理網站。他們不是資訊源頭，但是會安排專業人士收集某個領域裡不斷產生的新資訊，刪除垃圾，留下精品。比如：像鋼鐵業、紡織業這些領域，有幾百萬人在工作，他們都能透過網路發聲。那麼就要請這些行業的專家來分析哪些資訊更有用。

假以時日，他們既不會去看行業報紙，也不再淹沒於無數條鋼鐵業或者紡織業的資訊裡，而是去這些行業的資訊整理網站尋找有用的資訊。

當然，篩選和整理資訊肯定摻雜著網站本身的傾向。但若是同一行業出現幾家資訊整理網站，各自有不同的「傾向」，普通使用者一般可以分辨。

未來，會有一批專家不再從事專業工作，而是轉行為本專業的資訊整理人員，為廣大網友服務。

03 區塊鏈技術人員

　　最近，「區塊鏈」這個詞紅得發紫。通訊錄上的朋友不分職業和年齡，有很多都人向我提到區塊鏈。如此熱門的新領域，操作人員當然也是全新的，他們叫做「區塊鏈應用操作員」和「區塊鏈工程技術人員」。我把兩者合起來介紹，統稱為「區塊鏈技術人員」。

　　2008 年，神祕的中本聰提出「比特幣」概念。為了替這種電子貨幣提供信任基礎，中本聰設計出區塊鏈技術。到現在，我們都不知道「中本聰」的真實身分，甚至不知道他是一個真人，還是某個機構的化名。這位在網路時代最不透明的角色，卻設計出了最透明的技術。

　　區塊鏈就是由一系列「區塊」構成的「鏈」。這些區塊是帳簿，由成千上萬的人獨立填寫，它們組成一個鏈。如果一個人想篡改他的那份帳簿，就得改寫整個鏈上的資訊。以比特幣為例，只有控制 51% 的區塊才能篡改整個鏈，理論上沒有人能做到。所以，區塊鏈成為最能防偽的資訊技術。

　　如果只為比特幣而設計，區塊鏈還不至於熱門到現在這個程度。截至 2020 年，比特幣總市值才 1,256 億美元，相當於某個中小股市。然而，由於擁有去中心化、不可篡改、全程留痕、可以追溯、集體維護、公開透明等突出優勢，區塊

鏈技術早已被廣泛應用於多個與資訊相關的領域。

在有些地方，個人檔案系統已經開始運用區塊鏈技術。從前的紙本檔案很容易被篡改。比如，我們會聽到某人偽造學歷或身分，十幾年甚至幾十年後才查出。這都是紙本檔案時代的「負面遺產」。新一代人的生平將從開始就由區塊鏈加密，要偽造的話，則需要修改整個檔案系統。其他如銀行徵信、保險理賠等，也都是運用區塊鏈技術的主要領域。

2010 年，開始有以「區塊鏈」為經營內容的公司。到 2019 年，這類公司的總數上升了 70 倍！很多當年的小公司也發展為大企業。可見，對區塊鏈技術人員的需求會非常旺盛。

2020 年，隨著中國逐步推動官方數位貨幣的試驗，本書創作期間已經有民眾領取數位貨幣的薪水。若在不久的未來，數位貨幣完全取代傳統貨幣，即整體交易皆仰賴區塊鏈技術，勢必需要大量的專業人才參與其中。

同樣屬於資訊領域，區塊鏈技術人員現在主要由大專院校的軟體科系培養，和程式設計師師出同門。其實，兩者之間有明顯不同。傳統程式具有較高的容錯率，並且可以隨時進行問題修復。區塊鏈因為有「牽一髮而動全身」的特點，一旦出現錯誤將導致記錄的資訊無效，所以完全不能出錯。

當然，只要是人類的操作就難免會有失誤。如果一個區塊鏈公司為客戶書寫的程式發生錯誤，就必須推倒重來，自

己承擔巨大的經濟損失。也正因為如此，區塊鏈運用必須十分謹慎。

　　和本書中大部分新職業一樣，區塊鏈行業沒有「老師傅」。很多從業人員才 20 多歲，已經成為業務主管，原因是根本找不到年齡更大的區塊鏈專家。這些年輕人必須邊學、邊用、邊研究，因此極富開創性。

04 飛手

　　幾年前，美國空軍的規模到達了一個歷史轉捩點，無人機駕駛員的數量超過飛行員。由於有人戰機通常都是 F22 猛禽戰鬥機這種先進高科技裝備，不如無人機更適用於低強度的反恐戰爭，所以和無人機駕駛員相比，頂尖的高級飛行員反而沒有多少作戰機會。

　　這種轉變已經在各國空軍裡發生。葉門內戰是第一場大量使用無人機的戰爭，而在前不久，亞美尼亞和亞塞拜然共和國更是爆發人類戰爭史上首場無人機混戰。雙方宣稱擊落對方無人機的數量，已經超過各自陣亡官兵的數量。

　　創造這些戰績的就是無人機駕駛員。他們坐在電腦前操控飛機，自然不如飛行員那樣風光，實際上地位很低。據說，美軍無人機駕駛員在訓練之餘，還會被打發去修剪草坪。可見他們被視為低階技術人員。

　　這場轉變更多地發生在民用無人機上。現在，無人機還不能像《機戰未來》中描寫的那樣可以自主飛行，每架都需要有人操作，於是需要一大批操作人員。因為他們並未實際進入天空，稱為飛行員似乎不妥，所以稱為無人機駕駛員、無人機操控員，民間簡稱為「飛手」！

　　軍用無人機都是大塊頭，價值昂貴。除了飛手，還要有

專業人員進行維護。民用無人機沒那麼珍貴，飛手除了駕駛無人機飛行，還要學會裝運、檢修、維護等工作，他們集飛行員和地勤於一體。

不僅如此，飛手還要根據無人機的用途學習相關技術。航拍是目前人們了解最多的無人機運用場合。以前航拍則需要動用有人駕駛的飛機，成本高昂。2012 年，大疆創新科技公司生產了世界上首款航拍無人機。從此，很多小成本影視劇和紀錄片都增加了航拍鏡頭，這其中就有「飛手」的貢獻。他們除了駕駛無人機，還需要知道鏡頭運用的技巧。

無人機的另一個用途是保護植物，確切來說，主要用於農作物種植。以前，噴灑農藥主要靠人工來完成。遇到梯田或者又高又密的植株時，人工完成的難度係數會加大很多。另外，人工噴灑會造成農藥用量超過實際需求。令人頭疼的農藥殘留問題，很大程度上就是人工噴灑所致。而飛行噴灑的效率是人工的幾十倍，農藥使用量卻減少了一半。

在美國這樣農業發達的國家，很早就用有人駕駛飛機噴灑農藥。現在則是直接操作無人機噴灑農藥。這些「飛手」還要學習農業知識才能開工。

無人機的下一個用途是送快遞。目前，快遞業主要集中於城市。快遞員進入一棟大廈，能送四五家。而偏遠地區的快遞業成本就高得多。特別是野外勘探隊、海上鑽井平臺、邊防軍營等遠離人煙的地方，目前還很難由人來完成快遞

服務。現在,已經研製出的快遞無人機首先會運用在這些地方。

由於無人機的普及還不到十年,目前的「飛手」都來自其他行業,沒有誰是科班出身。對「飛手」這一職業存在大量需求。

05 天基網投資人

　　1G、2G、3G、4G、5G……它們到底有什麼區別？這個問題困擾了好多人。放心，以後可能不再有 6G、7G、8G，因為我們要迎來一個終極網路時代，那就是天基網際網路。

　　不管是什麼網路，要產生良好的使用者經驗，必須廣泛建設基地臺。中國現在擁有全球一半的基地臺，究竟有多少？答案是 300 萬！就連聖母峰這樣的地方都能有手機訊號。然而，要讓亞非拉丁美洲開發中國家的使用者都擁有良好的使用者經驗的話，全球得建 4,000 多萬個基地臺！

　　最終，天基網際網路會取代它們。所謂的天基網際網路，就是向天上發射許多顆衛星，把它們當成基地臺。這樣，無論你在沙漠中心，還是南極腹地，都不用擔心沒訊號。天基網際網路能真正做到全球無縫連結。

　　我們現在已經有通訊衛星了。不過，它們要被發射到離地面約 36,000 公里的地球同步軌道上，而且得保證時時刻刻對準一個地區。這對發射有很高的要求。構成天基網際網路的衛星則不用發射到這麼高，它們基本是在 1,000 公里左右的軌道上運行。這樣衛星的數量就必須很多，保證時時刻刻每個使用者頭上都有幾顆網際網路衛星飛過。

　　因為有一組衛星為你服務，所以天基網際網路又有個名字，叫做星座網際網路。一個這樣的網路到底需要多少顆衛

星？20 年前 Motorola 公司提出最早的天基網際網路方案，預計發射 66 顆衛星。當時他們還真的去做了，但是還沒有布局完，商業上就失敗了。後來又冒出各種天基網路方案，最多的據說要發射幾千顆衛星！

問題來了，製造衛星在以前一直是複雜的技術工作，每顆衛星都要特別設計和製造，尺寸功能也各不相同，很像是一種手工工作坊的工作。這顯然不符合天基網際網路的需求，既然每顆衛星都是一個基地臺，其結構和功能都一樣，它們就可以批量製造。

所以，為了建設天基網路，得先建設流水線式的衛星製造廠。虹雲工程計畫每年最多製造 100 顆衛星。貝佐斯要發射 3,000 多顆網際網路衛星，SpaceX 公司計畫發射 4,000 多顆。既然需求量這麼大，只能用流水線的方式製造。

飛在天上的基地臺還有個好處，就是可以隨時為全球服務。地面上的基地臺只能為周圍一小片地方服務，所以要打開一個新的市場，就必須建立新的基地臺。而衛星繞地球轉動，天基網際網路能為全球提供服務。現階段，先把網際網路衛星都發射升空，最終接入還是不接入，那就是使用者自己的事情。

天基網路代替地面上的網路，只是時間問題。到「天網公司」上班，很可能在二三十年內實現。別害怕，天基網路當然不是《魔鬼終結者》裡面那個「天網」。

06 高危職業 —— 程式設計師

幾十年前，很多工廠下班時，門口都會擁現成百上千的工人。如今，很多工廠實現了自動化生產，在廠區裡面反而看不到幾個人。人口集中的地方反而是辦公大樓，特別是資訊科技公司，每到上下班或者午休，電梯門口都會有很多程式設計師排著長長的隊伍。

我們能生活在資訊時代，靠的就是無數程式設計師的貢獻。不過，這個職業也很危險，因為自主程式設計的時代就快到來了！

我母親就是第一代程式設計師，當時她們用穿孔卡片記錄資料。有些卡片只戳了幾個孔就報廢了，我小時候的練習本就用它們釘成。

那時候，程式設計在我眼裡是高不可攀的專業工作。後來，程式設計的難度逐漸下降，程式設計師開始戲稱自己是「程式猿」、「碼農」，意思是這不算什麼高技術行業。最近又出現了簡易程式設計 APP，它們提供給普通使用者。就是說，即使沒接受過電腦教育，也可以使用。

到了這一步，專業程式設計師的位子就很危險了。但最後的懸崖還不在這裡。當人工智慧可以自主設計程式時，人類程式設計師才開始走向沒落。

　　2017 年，彭博和英特爾的研究人員發明了「AI Programmer」。先向它輸入指令，再輸入想要的結果，它就可以自動生成程式。雖然現在「AI Programmer」的水準還只相當於菜鳥級的程式設計師，但是我對人工智慧程式設計的前景沒有任何懷疑。因為在 2000 年時我還可以戰勝電腦上的圍棋程式，而現在這些人工智慧已經戰勝了人類世界冠軍。

　　人工智慧程式設計取代人類程式設計存在著剛性需求。維護一套類似「AI Programmer」的程式，和發薪水給 1,000 名程式設計師，兩者的費用不在同一個等級上。由於資訊公司之間存在競爭，自主程式設計你不用我來用，所以這個門檻遲早會有人邁過。

　　而且，有些人類程式設計師會耍一些花招，比如留下後門之類。人工智慧程式設計師不會考慮任何利益，叫它做什麼就做什麼。

　　未來，唯一阻攔人工智慧程式設計師發展的很可能是法律問題。人類程式設計師的程式設計出現問題可以追責，但人工智慧程式設計師的程式設計如果出現問題，責任在哪一方呢？但是，與人工智慧程式設計師所提高的效率相比，這似乎也不會成為大問題。

07 高危職業 —— 翻譯

幾十年前的一天，我拿起某本科學雜誌，看到目錄上有篇文章，名字叫〈21 世紀最重要的十種發明〉。我翻開那一頁，結果，排名第一的不是新型飛船，或者某種新式武器，而是「通譯機」！

人類有 2,000 多種語言，將來人們拿著通譯機，就能隨便把其中一種翻譯成另一種。在那篇文章裡，通譯機被形容為一個小盒子，人們可以帶著它方便地走遍世界。後來我發現，硬體是什麼並不重要，裡面的軟體才是關鍵。

20 年前我開始寫作生涯，同時也幫人校對文稿，做兼職編輯。當時就有人用軟體去翻譯國外科幻小說，稍加整理便投稿。結果根本讀不通，所以，遇到這種稿子直接退掉。

當時盜版還很嚴重，盜版國外著作的方式也是用翻譯軟體，然後稍加整理。印象中直到 2000 年，市面上還有這種書，其中的每句話都能讀懂，但放到一起卻不知道是什麼意思。

當時我還覺得機器翻譯這麼笨，那個通譯機的偉大設想不知道什麼時候才能到來。沒想到就在最近幾年，至少在「英翻中」、「日譯中」這些領域，翻譯軟體的結果已經基本能看懂。不知道中翻英、中翻日的結果，對方讀者是否有相似感覺。

早在 1930 年代，俄國人就設計了機器翻譯軟體，並登記了他的發明。只不過在電腦發明前，這屬於紙上談兵，所以最終沒有製造出來。1954 年，IBM 公司完成了第一次機器翻譯，是英語和俄語之間的翻譯。

1957 年，中國開始研究機器翻譯，是中文和俄語之間互譯，當時在世界上排名第四。到了 1980 年前後，機器翻譯的研究在如火山爆發一般，中英、中德、中俄、中日、中法等領域都有人在研究。

進入網路時代後，搜尋引擎更加快了機器學習的進度，翻譯軟體的水準飛速提升。

美國未來學家曾經預言，機器翻譯的品質能在 2029 年超過人工翻譯。我覺得可能會提前，尤其在網路時代，網路上各國網友的大量文字，各國網友間互相翻譯，其總量已經不亞於正規文獻。這也使得機器翻譯水準大為提升。

未來，翻譯這個職業的日子將越來越不好過。因為大部分翻譯工作的內容都不是小說之類富有個性的文字，而是法律文件、技術資料等標準化文字，這方面機器更有優勢。至少，相當一部分沒有再創作能力的翻譯會失業。

第六章　與環境開發有關的職業
—— 探索新界：拓展海洋太空的無盡可能

很大一部分人提到大自然，其實想到的只是「地表」。他們很少知道極地、海洋、地下和外太空是什麼樣子。這些領域都需要科學家去探索。科學進步的一個重要標誌，就是不斷進入新環境，找到新資源。而環境開發也會帶來大量新的職缺。

01 浮城建築師

看過凡爾納的《機器島》嗎？一群富翁集資，用大量鋼鐵連接成島嶼，再由巨型蒸汽機推動，終年在海上自由漫遊。這個理想很快會成為現實，那就是超大型浮體。

想像一下，把航空母艦的長和寬各增加十倍，但是高度不變，它就成了一個扁型的金屬平臺，超大型浮體就是這個樣子。以今天的技術，已經不需要一大批鋼鐵建成機器島，只需要把幾個大型模組拼起來就可以了，而且每個模組都比普通郵輪還要大。

這樣拼起來的超大型浮體，長達 3,000 公尺，寬幾百公尺，上面能起降大型飛機。由核動力驅動，以每小時幾海里的速度行駛。看似很慢，但是超大型浮體和輪船的功能不同，一般會固定在海洋中的某個位置。所以，它們的動力只是用於搬家。

為什麼要建設超大型浮體？很多人馬上想到軍用，把它想像為超級航母。其實，超大型浮體主要以民用為主。把它定位於大洋中的某處，可以作為周圍海洋產業的支撐點。包括海底採礦、深海養殖、海洋發電等，主體產業都設置在機器島上，遠遠布置在大洋深處。

超大型浮體還可以作為療養地。海洋環境有助於健康，

曾有人統計不同環境裡居民的平均壽命，結果是海邊居民族群的壽命最長。生活在超大型浮體上，就等於生活在海邊。目前的國際郵輪業務的主要顧客都是中老年人。超大型浮體也可能成為退休人員的旅遊地。這樣的話，他們可以不用像搭乘郵輪那樣匆忙，可以長年累月地住下去。

在陸地上進行航太發射，受限於道路的條件，火箭不能製作得太粗。所以，美國和中國都把重型火箭用船運到海邊的發射場。相較之下，超大型浮體是更好的發射場。它可以在赤道附近發射火箭，最大限度地節省燃料。

超大型浮體還是一種封閉環境。危險性較大的科學實驗，以及有防疫需要的隔離醫院，都可以建在超大型浮體上。萬一出問題的話，把其中一節模組斷開就可以了。

理論上講，地球表面的一半屬於公海。所以，不管哪國人，不需要簽證就能在公海自由往來。公海屬於全人類，也包括內陸國。但是由於內陸國沒有出海口，這項權利對他們來說沒有意義。今後，像哈薩克或者衣索比亞等國，都可以建設自己的超大型浮體，在大洋中擁有一片國土。

未來，海平面會上升。但是對漂在海面上的超大型浮體而言，海平面的升降對它不會產生任何影響。所以，人類逐漸移民超大型浮體，是未來幾百年對付海平面上升的主要手段。

超大型浮體的好處這麼多，職位也會相應產生。如今，每艘巨型郵輪上都有數千名員工，從規模上類比，一座超大

型浮體需要的工作人員得要加幾倍才夠用。到時候，很多人
會以大洋深處為家，從事駕駛、維修和服務工作。

02　海洋鑽「井」工

　　鑽井取水，自從人類定居下來務農，這就是必不可少的工作技能。種了幾千年土地後，陸地上很多地方的地下水已經超採。

　　然而隨著人口增加，經濟發展，淡水需求只會上升，不會下降。陸地上的淡水資源越來越少後，國家之間還會發生水資源爭端。要在哪裡找到更多淡水呢？其實，有個大家想像不到的地方，那就是海洋！

　　小孩子都知道海水是鹹的，如果想從海洋裡獲取淡水，必須使用海水淡化技術。但是使用這種技術需要很多設備過濾海水，還會形成鹽分汙染。所以到目前為止，雖然大部分人都住在距海邊 100 公里範圍內，但是海水淡化量只占全球淡水使用量的 1%。

　　海洋裡面也有天然淡水，這點很多人都不知道。其實，全球各地的海洋，特別是近海，一直都有局部淡水聚集現象。比如，希臘愛琴海海底有處湧泉，一晝夜能流出 1 立方公里淡水！中國的大連灣有個「海中龍眼泉」，也會不斷向上冒出淡水。福建漳浦縣古雷半島東面海上有個「玉帶泉」，也是一片淡水區。

　　海裡怎麼會有淡水？原來，淺海海底在幾十萬年前還是

陸地，本身就埋藏著地下淡水。這些地方被淹沒成海洋後，淡水就被封存在原地。另外，地球深處的氫和氧從海底冒出來，也能化合成水。在有些地方，這些淡水來不及與鹹水混合，直接湧到海面，就形成局部淡水區。

澳洲的研究人員認為，海下淡水不是局部現象，估計全球蘊藏量有 50 萬立方公里，相當於 20 世紀人類開採地下水總量的 100 倍！或者說，按照 20 世紀淡水使用水準，海洋淡水可以用 100 多年。所以，這是個極有潛力的資源。

上面這些例子都是海洋裡自然形成的淡水區，若想使用海底淡水，從勘探到開採都需要一定的投入。所以，比起陸上鑽井，海上鑽井的時間要晚得多。2003 年，法國納菲雅水公司在義大利的淺海底找到一處淡水資源，位於水面下 36 公尺深。透過管道，他們成功把淡水引到上面，每秒採集 100 升。

這是歷史上第一次商業化開採海洋淡水。2007 年，中國也在浙江舟山群島嵊泗縣附近 21 公里處打出一口淡水井，每秒獲得 300 多公升淡水，而且稍加處理就可以飲用。嵊泗縣位於島上，之前 8 萬多人的用水靠大陸供應，這口淡水井大大緩解了他們的用水困難。

與海洋石油鑽探不同，海底淡水資源通常都在淺海和近海，不需要龐大而複雜的鑽井平臺。而且，這些淡水就近提供島民或者沿海居民使用，也不需要像石油那樣長途運輸。

所以，海底淡水是一種非常環保的資源。幾十年後，「海洋水井」就會像現在的淺海風力發電機一樣遍地開花。

03　消波艇駕駛員

　　水運成本低，運量大，但是在速度上不存在優勢，肯定比汽車慢，更不用說跟飛機相比了。然而，某種新發明可能會改變這種歷史，它叫做消波艇。

　　船舶在水中航行會興起波浪。速度越快，波浪越大。很多能量都消耗在波浪上，所以速度提高到一定程度就達到了極限。所以，人們為克服波浪問題費了不少腦筋。現在已經商業化的氣墊船就是其中一種。它每小時可以航駛 60 ～ 80 公里的速度。

　　還有一種設計叫做「翼地效應機」，它貼著水面航行，極限重量達到 1,000 噸，比飛機大得多。時速可達到 400 公里，又比船快得多。但由於安全性能差，始終沒能投入使用。

　　上海析易船舶公司創造的消波艇，既有可能把速度提到更高，又比翼地效應機安全。這種小艇開起來後，兩側完全無波浪，水從後面噴出來增加推動力。形象化地形容的話，就像是不停地打水漂前進。

　　目前，這種小快艇已經進行過多輪測試，時速能達到 73 公里。這個速度已經接近陸地上的普通車輛，也接近運動型摩托艇了，而其運力遠大於後者。在內河和湖泊航運上，消波艇可以成為擺渡、旅遊和公安用船。

　　不過，這並不是它的終極速度。理論上來說，這種消波艇的時速能達到 200 公里。只有海洋才是它的舞臺。而且，目前搭載幾個人的小艇只是一種實驗艇，將來投入海洋使用，至少會製造成氣墊船那麼大。

　　這種大洋上的消波艇，甚至能充當微型航母。普通飛機的起飛速度，也就是每小時兩三百公里。如果在消波艇的甲板上停放一架飛機，把時速開到 200 公里以上，帶給機翼的升力可以讓飛機直接升空。

　　時速如此快的消波艇，未來最大的市場是運用在海島交通上。像菲律賓這樣的國家，島與島之間的運輸就是經濟命脈，所以船隻速度越快越好。當超大型浮體建成後，這些人工島之間，以及它們與天然島嶼，它們與陸地之間的航運，也需要消波艇來完成。特別是執行緊急救援、護送病人之類的任務，消波艇可以和水上飛機相比。

　　在不遠的未來，這種海上快艇會大批出現。而它的性能也不同於傳統船舶，需要有專門的駕駛員。

04 深海飛行員

在我們身邊，有一個神祕感不亞於外星的地方，那就是深海。由於海水的隔離，人類很少進入深海。當然，潛艇可以實現這種功能。不過，潛艇要利用浮力原理升降。它的運動能力和飛艇一樣笨重，如果是能潛到幾公里海底的深海潛水器，每小時僅能走一兩公里，比人類步行還慢。另外，由於要用吸水的方式下潛，以排水的方式上浮，潛艇在不同高度之間的升降過程也很慢。

即使不考慮這些問題，潛艇作為一種特殊的軍用品，船體寬大，抗壓能力差，只能在中上層海洋航行。而科學研究和工業生產關注的則是海洋底部，那裡的平均水深有幾公里，幾百個標準大氣壓，是軍用潛艇到達不了的地方。

水和空氣一樣是流體，符合流體力學。飛機機翼的橫截面上凸下平，靠著這種形狀在空氣中形成升力，靈活地穿行於各種高度。那麼，只要把機翼反過來，下凸上平，不就可以利用水的壓力下降嗎？

這種利用流體力學原理製造的深海潛水器，有著寬而短的機翼。它的大小類似普通飛機，平時漂在水面，啟動後只要速度增加，便在機翼表面上形成壓力，導致下潛，只要減速就會上浮，升降的速度遠高於潛艇。翼形潛水器能在深海

裡高速而靈活地航行。對於海洋科學考察、深海開發,甚至文物考古都有重大的推動作用。

2010 年,英國維珍集團展示了一架「潛水飛機」,它的整體結構類似飛機,短而寬的機翼更像是魚鰭。理論上,它在深海裡的速度能達到 100 節(1 節就是每小時航速為 1 海里,即 1 海里/小時)。這種潛水飛機和潛艇比較,就像飛機和飛艇之間的差距一樣大。

中國科學院瀋陽自動化研究所發明了無人水下滑翔機「海燕號」。它的外形類似魚雷,但翼部比魚雷稍長。「海燕號」可以下潛到 6,000 多公尺,連續航行 4 個小時。要知道,載人深海潛水器比飛船還貴,全球加起來沒幾架。但是這種水下滑翔機可以製造成千上萬架,大規模地探測海底。

未來的潛水飛機將模仿魔鬼魚的形狀,製成三角形艇身,機翼面積大,形成的「降力」也會增加。這種艇身艙室小,抗壓能力強,可以載人下潛到幾公里,適用於 99％的洋底。

一旦潛水飛機技術成熟,將會大量應用於深海科學研究和工業開發。因此,也需要培訓一批像飛行員那樣駕駛潛水飛機的「深海飛行員」。

05 水下城市管理員

1977 年，「007」系列電影推出一部新作，名叫《海底城》。之所以選擇這個題材，是因為那時正值深海考察的熱潮，市面上出版了很多描寫這個題材的科幻小說，都在想像人類居住海底的前景。在《星際大戰首部曲：威脅潛伏》和《水行俠》中，一個個智慧物種都生活在海底。

科幻片的情節固然令人神往，而現實當中，德國和美國都曾建設水下基地。不過，它們只是海軍基地的附屬物，不是獨立的基地。世界各國，尤其是沿海國家都有建造水下城市的想法。荷蘭因為地勢低，一直在興建水下建築，主要方法也是從海邊城市延伸出去。

在民用方面，中東杜拜曾經有人想要建一座水下酒店。它有 200 套房間，還有娛樂中心，都設在水下，最吸引遊客的便是可以隨時從視窗瞭望海底景觀。它是一家海邊酒店的延伸，遊客從酒店走地下通道，進入這個微型海底城。可惜，由於興建時趕上金融危機，導致這個專案停工。

還有一種「倒立摩天大樓」的設計。先在海面上建成大型浮動平臺，然後朝下延伸，一層層修建，最後建成一個倒扣著的水下大樓。

和一般人想像的不一樣，人進入這種海底城，並非是要

站在海底，而是站在浮動的建築裡面。如果船舶規模達到航母水準，就足夠抵禦 12 級風浪。而這些海底城的體積更大，又蓋在風平浪靜的近海，所以雖然漂浮著，卻會穩如泰山。

不過，水下缺少陽光，並不是更好的居住環境。所以，這些水下建築基本上都用於觀光。只有工業用途才需要更多的海底城。如果人類大規模飼養深海魚，就需要在水下設置網站，以便觀察、投餵和捕撈。如果利用海底洋流發電，也需要必要的深海觀察網站。若要採集海山山坡上的富鈷結殼，也需要先從倒立的海底城接近它們，小型採集設備再從海下建築出發。這些都是用於工業用途的水下城。

居住在水下不等於居住在海底。不過，海洋底部本身就有重要的科學研究價值。美國海洋研究所曾經在百公尺深的水下建立考察站。隨著材料與技術的發展，科學研究人員會把一段段類似潛艇艇身的金屬筒放到洋底，連接成類似空間站那樣的實驗室，形成大洋科學研究基地。

所有的這些水下建築，都會提供大量就業職位，而且都是高技術職位。屆時，你會終日與窗外星星點點的發光水母相伴，在黑暗的水下空間裡工作。

06　深海採礦工

人類為了採礦，許多陸地被挖得千溝萬壑，同時也造成了嚴重的環境損害。採礦會造成地面塌陷，導致有些礦區環境不適宜人們居住。

現在，人類發現了另一個礦藏富集區，那就是大洋底部。世界各處的洋底都分布著錳結核、富鈷結殼等金屬礦。它們是以鐵和錳為主的多金屬礦，其中包含的金屬總量是陸地的很多倍。僅每年從海水中新增的儲量，就相當於人類全年金屬使用量，是典型的可再生資源。

把採礦從陸地移到深海，就不破壞生態了嗎？其實，海洋生物主要集中在中上層。幾公里深洋底的水流幾乎為零，養分稀少，只要不是在海底熱泉的噴口附近，生物都十分貧乏，單位面積上的生物量還不如陸地上的沙漠，可以看成是海底沙漠。而採礦過程中引起的泥沙攪動，有助於洋底氧氣的流通。類似大型沉船這類的人造物，會吸引海洋生物，並在海底形成小綠洲。

海洋中的金屬資源不同於石油，主要分布在深海，遠離各國海岸，從法理上大多屬於公海，但也不是無人管理。位於牙買加的國際海底管理局負責它們的劃分。這些年來，該局已經在南太平洋和印度洋劃分了七個區塊給中國，總面積

超過了河南省。

　　想像一下，在面積超過河南省的盆地上，每平方公尺就有幾公斤礦產，那是何等壯觀的資源。未來，深海礦藏將逐步取代陸上礦山，成為人類金屬材料的主要來源。

　　由於隔著幾公里海水，人類探明這些資源後卻不能利用。目前，中國福建馬尾造船廠已經製造出世界首條深海採礦船，可以採集 3,000 公尺以下海底的金屬礦。

　　這是深海礦業的開端，也是礦工從陸地搬入海洋的開始。當然，未來的深海採礦工並不需要像陸地上的前輩那樣鑽洞，而是在採礦船上操作機械。他們使用攪吸作業，透過軟管把錳結核吸到海面，再進行浮選，最後形成的礦石會裝船運走。他們的工作環境比危險的陸地礦業好多了。至少，海上開採永遠不會發生礦難。

　　由於遠離陸地，深海採礦工需要在大洋上長期工作。不過，第一艘深海採礦船就有 200 多公尺長，使用面積超過鑽井平臺。這種船一旦技術成熟，業主就會開始追求噸位。

　　未來，超大型浮體建成後，採礦和加工成為它的優先功能。屆時，深海採礦工會長期生活在這些人工島上面，生活條件將會優於海上的石油工人。

07 地熱發電工

地球上什麼能源的規模最大？石油、煤炭、風能、水能，還是太陽能？都不是！

地球深處的熱能相當於它們的總和。

在我們腳下有一種取之不盡的能源，它就是地熱。有些地方的地熱資源離地面很近，會冒出天然蒸汽，透過管道把它們引向汽輪機就可以發電。這個原理和火力發電站一樣。

因為原理簡單，早在 1904 年，義大利人就在托斯卡尼建起世界上第一個地熱發電站。雖然當時產生的能量只能點亮幾個燈泡，但是證明了此法可行。

西藏羊八井地熱發電站使用的就是這種天然蒸汽。它位於海拔 4,300 公尺，這裡地殼很厚，但由於附近有斷層帶，形成地熱田，所以終日蒸汽繚繞，屬於溫度中等的淺層地熱資源。從 1970 年代開始，中國就在那裡建設大規模地熱電站。

現在，羊八井地熱電站是全球同類發電站中唯一達到工業規模的，其他都還只是實驗發電站。依託這個發電站，當地建起加工廠、大棚農田，還有旅遊設施。

人們在實踐中發現，天然蒸汽含有大量酸性物質，會腐蝕發電設施。所以，發電規模一直難以提升。後來，人們改

用管道將高壓水灌下，接觸地熱面形成蒸汽，再用另一端的管道引出被加熱的蒸汽，驅動汽輪機發電，冷卻後的水再次灌入地下。這種技術叫做乾熱岩發電。

世界各國紛紛建設此類發電實驗站，規模最大的位於韓國浦項。這個發電站可以把高壓水注入 4～5 公里深的岩層，利用地熱能轉化成蒸汽。可惜，由於高壓水進入地熱深井附近的岩層斷裂帶，在 2017 年誘發 5.4 級地震，給地面造成了破壞。這也是人類造成的規模最大的人工地震。鑑於其存在的危險性，這個實驗發電站已經關閉。

從技術成熟度來講，長期以來，人類利用地熱的主要方式是把熱水引出地面，直接供給取暖，或是建設溫泉酒店，變相節約了煤炭。

地熱發電由於受限於各種技術條件，目前還處於實驗階段。美國是全球地熱發電量最多的國家，地熱產生的電能也只占全部能源產電量的 0.5%。

不過，從長遠來看，使用地熱發電不會對空氣、河流構成汙染，優於火力發電。它可以使用荒地進行發電，而且能量密度比風能、太陽能大得多，也不像利用水電那樣需要大規模搬遷人口。展望未來，地熱發電是非常理想的能源之一。

這樣一來，就需要大批地熱發電人員。他們的工作環境會優於火力發電站，既為能源事業，也為環保事業做貢獻。

08 地下建築師

　　樓蓋得越高，地基就要挖得越深。城市越現代化，地下管道就越多。像上海這樣的國際大都市，居然有 16% 左右的建築面積位於地下。可想而知，我們需要一批地下建築設計師，也需要龐大的地下工程隊。

　　我們的祖先住在天然洞穴裡，上面覆蓋著厚厚的岩層，可以視為變相的地下空間。人口增加後，古人會在地面挖出大坑，再挖出半潛式房屋，成為半地下式建築。

　　後來，人類大規模在地面蓋房子，取代了地下建築，只有帝王陵墓或者糧倉還建在地下。工業革命後，以 1863 年倫敦興建的第一條地鐵為標誌，地下建築重新興旺起來。

　　空軍的誕生，把很多國家的重要軍用設施逼到地下。從第二次世界大戰到冷戰，各國興建了大量防空洞，還修建了地下工廠、地下醫院，有一些防空設施的規模類似微型地下城。

　　進入和平年代，地下建築仍然日益興旺。日本人多地少，他們很早就在城市中發展了大量地下商業街，再把它們連成片，變成地下城。加拿大因為寒冷，出於保溫目的蓋起地下建築。蒙特婁有座地下城，面積有 80 多萬平方公尺。

　　除了商業設施和交通設施，還有一些工業設施需要建在

地下。比如水電站、石油儲備庫等。很少有人光顧那裡，但這些地下設施規模巨大，接近於地下城。

隨著地下施工能力的增加，各國的地下建築也日益豐富起來。這些年建設的大部分大型商場都有地下部分，一些過去的防空洞也被改造成小旅館。用防空洞改建的餐廳也成為一種特色經營。

直到這時，地下建築多半還是地上建築的副產品。今後，出於節省土地的目標，單獨的地下建築會越來越多。北京的五棵松地區有個商業廣場，就完全是下沉式建築，上面是平地。

設計這種獨立的地下建築需要專門的設計師。他們和地上建築設計師一樣需要考察地質結構，但不是挖地基，而是要把整座建築容納其中。地下建築師最終會發展出獨特的設計文化。

09 宇宙空中服務員

國際航班經常飛 10 多個小時，跨洲越洋的乘客都很辛苦。然而，當年加加林第一次進入太空，從起飛到降落只花了 108 分鐘。所以，理論上人們能在 2 個小時內飛到地球上的任何機場。

當然，普通人坐不起太空船，能實現這個夢想的工具叫做「跨大氣層飛行器」，又稱太空飛機。它既能在大氣層裡飛行，也能在宇宙空間飛行。

要在大氣層裡飛行，必須符合流體力學，在宇宙空間裡則不需要。所以，太空梭的外形看起來都很臃腫。它們一旦返回大氣層，就只能靠降落傘著陸。

另外，2 種飛行器的推進原理也不同。噴氣式飛機要從前方吸入空氣才能工作，而傳統太空梭靠火箭發射，裡面自帶氧化劑，可以在空氣稀薄的高層大氣裡工作。

不過，科幻片裡面那些高級飛船，不都是從地面上起飛，直接進入太空，還能像飛機一樣再降落到機場上的嗎？1960 年代，已開發國家的科學研究人員就開始研究這種科幻式的飛行器。最接近這個理想的成果，就是美國的太空梭。必須像飛船那樣將它運到發射場，靠火箭發射，但它已經能做滑翔飛行，並降落在普通機場。

　　當然，大家可能也知道太空梭的悲劇了。美國一共製造出 5 架，有 2 架發生了爆炸事故。而且，原定每架太空梭都能使用 100 次，現實中 5 架加起來才飛行了 100 次。所以，太空梭成了昂貴的實驗品。不過，它為人類跨大氣層飛行提供了豐富的經驗和教訓。

　　如今，美國的無人太空梭 X-37B 已經試飛成功。由於不需要載人，它的尺寸僅為傳統太空梭的四分之一，可以將兩噸的貨物運送到太空，然後在機場降落。然而，它仍然需要使用火箭進行發射。

　　將航太發動機與航空發動機安裝在同一個飛行器上，讓它們在飛行中自由切換，這需要更小的發動機和能量更大的推進劑。未來，很可能會使用旋轉爆震發動機，靠一系列爆炸產生推力。這種發動機使用的爆炸物是中國科學家研發的全氮陰離子鹽，每單位質量所釋放的能量可達到三硝基甲苯（TNT）炸藥的三倍，會成為優質的推進劑。

　　這些尖端技術成熟後，太空飛機就可以實現從機場到機場的太空飛行。當然，目前的太空梭仍主要用於軌道飛行。以 X-37B 為例，它進入軌道後最多可在太空停留 200 多天。至於未來的任務，包括運送養料至太空站、將生病的太空人送回地球等，都是太空飛機最早的目標之一。

　　不過，太空飛機技術成熟後，其成本會迅速下降，成為普通的民航技術。屆時會出現這種局面，傳統客機跑中短

　　途，而太空飛機跑國際長途。當然，它的票價會比傳統客機貴，但是相信一些政府要員或商務人士會願意支付。由於可以對接太空站，太空旅遊也將是太空飛機的初步業務。

　　屆時，商業用途的太空飛機上將有新的服務人員 —— 宇宙空中服務員。

10 太空採礦工

　　人類並非只能在地球上獲得資源。在太陽系已經發現的烴類物質（類似石油和天然氣）有地球表面的幾十倍，金屬是地殼中含量的幾千倍，水達到 10 萬倍（以冰的形式存在），太陽能是地表的 100 億億倍。至於空間，太空中要多少有多少。

　　只要人類能把生產設備搬入太空，我們就能掌握至少相當於幾十個地球的資源。人類登天要完成的第一步是去近地小行星。近地小行星是指本身軌道與地球軌道相交的小行星，它們當中最近的能穿過月球和地球之間。這些小行星最大的長 33 公里，很多都只是長幾百公尺或者幾十公尺的石頭塊。把它們都堆起來，體積大小還不如一座喜馬拉雅山。

　　宇宙間是微重力環境，既有利於科學實驗，也有利於很多特定的工業專案的完成，如冶金、製藥等。火星和月球都有重力，而近地小行星通常只有船舶大小，可以看成天然飛船，接近零重力。

　　其中有些岩石小行星是人類的落腳之處。就拿中國「嫦娥二號」近距離考察過的圖塔蒂斯小行星來說，它長 4 公里，寬 2 公里，高 1.7 公里。可以想像得到，在這個岩石小行星裡面挖出幾萬立方公尺的空間，完全沒問題。而且它永

遠在天上飛行，要知道，中國曾花費幾億元發射了實踐十號微重力衛星，只在太空中待了 12 天。

登上岩石小行星，人類可以在裡面挖洞，設立實驗室、開工廠。地球周圍還有金屬質小行星可以開採。其實，古人最早使用的鐵就是隕鐵，來自近地小行星。現在我們只是擴展了這個過程。

當然，金屬質的小行星所占比例很小，但是人類已經發現兩萬多顆近地小行星，即使是很小的比例，總量也非常可觀。其中一些小行星本身就是巨大的金屬塊，飛船只要靠近就能開始開採。當然，並不需要將這些金屬運回地球，而是去建設前面說的那種巨型岩石實驗室和岩石工廠，因為那裡面需要大量的金屬。

有的近地小行星裡面還包著冰塊。雖然小行星很薄，在軌道上經常遭受到太陽直射，但小行星都在自轉，向陽的一面剛剛烘熱，就會轉到另一面，並朝寒冷的空間散熱。所以，某些大型近地小行星的內部會蘊藏著不融化的冰塊。

根據估算，2 萬多顆小行星包含的冰，總量大概有 4 億到十幾億噸。有冰就能融化水，有水就能電解出氧氣，這些都是生命必需品。當然，將它們運回地球，而是用它們取而代之作為太空站的供給。未來我們就不需要從地球發射這兩種補給品，可以直接從「太空儲備庫」中取得。

小行星擁有岩石、金屬和冰資源，人類只需要發射機械

設備，即可將其轉化為各種產品。30 年後，你們很有可能正在籌備開發第一個太空居住地，在地球附近勘探並開發各式小行星。

第七章　與環境保護有關的職業

—— 地球防衛大師：與大自然來一場親密對談

對於自然環境，人類要做到有取有捨，在某些地方開拓，在某些地方退讓。從最初無序地開發自然，到未來有序地保護自然，這個轉型過程中會產生一大批與環境保護有關的職業。

01　保護區管理員

　　約 1.2 萬年前，中東地區有一小批人種植小麥，開啟了人類農耕史。

　　沒有農耕，就沒有後來的一切文明，我們也不可能安坐在屋子裡閱讀和寫作。所以，我們永遠要感謝那些刀耕火種的祖先。然而，農耕也給自然環境帶來永久性的損害。當人類把一片地方的森林砍掉，改種農作物，這片地方的生物總量就會大大地減少。

　　同時減少的還有生物多樣性。人類定居後，為了安全需要，驅逐和殺死大量猛獸。為了保護收成，又想盡辦法從農田裡趕走小動物。

　　工業革命後，人類改造自然的能力激增，同時，由於人口暴增，必須大量增加耕地。法國和美國兩個國家在 19 世紀分別擴大了一倍的耕地。像杜拜或是位於北極圈範圍內的地方，以前不宜人居，現在也興建了城市。到今日為止，人類改造了陸地面積的 77%。

　　物極必反，也正是在 19 世紀，人類意識到保護自然的價值。1872 年，美國建立的黃石國家公園，成為世界上第一個自然保護區。

　　然而這還不夠，美國演化生物學家威爾遜提出「半個地

球」的口號，希望將保護區面積擴大為陸地面積的一半，人類只使用另一半。要實現這個目標，人類還需要放棄已開發土地的三分之一。

當然，擴建自然保護區必須以生產力的提高為前提。以中國為例，1950 年代第一次人口普查，直接統計到的有 5.7 億人左右。為了供養激增的人口，中國大量開荒，耕地達到 18 億公畝。如今，中國的人口增加為當年的 2.5 倍，耕地減少到 14 億公畝，在不斷退耕還林的前提下，是科學技術把糧食單位生產量增加了 4 倍！

保護區禁伐禁獵，但不等於沒有人在。保護區越大，越需要管理員。他們不僅要防止不法人員偷闖，還要監控保護區裡面的災變。

人類在某區進行農耕，這裡的植物總量就會減少，土地被田地和水道分隔，所以通常不會出現大片的火災。一旦停止耕作並進行植被復育，山火的威脅就會重新出現。近年來，國外多次發生大規模山火，實際上是生態環境恢復的附帶效應，這種威脅同樣影響周圍的人類社區。另外，隨著野外生態恢復，大型猛獸的數量也在增加。

所有這一切，都需要保護區管理員及時發現和排除。他們還要負責接待科學研究人員，以及合法的遊客。

02 生態環境復育師

　　2018 年，高樓林立的上海出現了一座「低樓」，名稱是「世茂深坑洲際酒店」，座落在天馬山的採石場。這處地方經過幾十年的採石活動，一直到被廢棄，留下了約 88 公尺深的坑洞，就像地表上的傷痕。當初籌劃這座酒店的其中一個目標就是修復這道傷痕，這也展現了強烈的環保意識。

　　隨著科學技術的發展，人類對自然資源的消耗規模不斷下降。過去大量出現的礦山、工廠、黏土採集坑，甚至大片低產農田紛紛被放棄。按照「半個地球」的理想，還可能有占陸地面積 20% 左右的上述用地被放棄。其中一些地方岩石裸露，坑深塹寬，急需人工修復，或者將其改建成旅遊景點、公園等。

　　作為一棟向下建的建築，「世茂深坑洲際酒店」在建築、防震、安防等領域都是先例，建設過程中使用了大量新技術，最終入選國際十大建築奇蹟，也是生態修復的範例。

　　畢竟把工業遺址改造成酒店，需要考慮商業價值，而有些工業廢墟被改造成花園。英國人在康瓦耳郡的一處黏土採集場的廢墟中興建了名叫「伊甸園」的巨型溫室。這是全球最大的獨棚溫室，裡面種植了幾千種植物，供人們觀賞。

　　加拿大布查德夫婦出資，將維多利亞市一個水泥廠的石

灰石礦坑改造成低窪花園，夫婦二人周遊世界，採集多種花卉並種在裡面，每年吸引逾百萬遊客前來參觀。

美國的密西根州也有一處為了水泥廠配套的採石場，廢棄後被改造成港灣高爾夫球場。原來那裡荒涼得像月球表面，現在已經成為旅遊度假地。

另一些廢棄礦山被改造成礦業公園，讓人們了解生產過程。亞洲最大的礦業公園位於湖北省黃石市，名叫黃石國家礦山公園，由大冶鐵礦改建。其核心景觀「礦冶大峽谷」有1平方公里大小，是當年採礦留下的深坑，深約444公尺，其規模在亞洲位居第一。

經歷高速的工業化後，大地上留下了很多工業瘡疤。將來，當它們陸續退出生產序列，生態修復行業會成為重頭戲，其投資規模不亞於礦業生產。

如上所述，生態環境復育師多出自建築專科，或者園林設計專科。不過，他們要進行因地制宜的修復設計，既需要研究開發後留下的特殊地形、地貌，又需要了解礦業生產的歷史，必須集人文知識與技術於一體。生態環境復育師將成為高含金量的職業。

03 海堤建設工

　　如果將 25 年視為一代，往上追溯 1,500 代，當時的海平面是比現在低 100 多公尺的。人類的祖先可以直接走到現在的日本、印尼和澳洲。上溯到 7,000 代的話，當時的海平面則比現在高 10 公尺！

　　滄海桑田，海平面的上升和下降，是地球本身運行的結果。在人類文明初期，人們未能感受到海平面變化的影響。這是因為農耕和遊牧活動都起源於內陸地區，而沿海地區則相對荒蕪。像古希臘那種海洋經濟，在人類歷史上只屬於特例。

　　隨著經濟發展，人類越來越靠近海洋。如今，有三分之一的人類生活在海岸線 60 公里內。全球經濟排到前十名的城市，有 8 座在海邊。於是，海平面變化成了大問題。估計到 2100 年，海平面至少上升 1.5 公尺，像上海、紐約這些經濟中心都會遭受威脅。

　　怎麼辦？難道要將城市和工廠整體內遷嗎？最經濟的辦法就是建造海堤。這方面荷蘭人做了表率，荷蘭領土有四分之一低於海平面，為此，荷蘭人總共建造 2,400 公里海堤進行保護。

　　海平面上升，還經常伴隨短期災難。2005 年，颶風襲擊

美國新奧爾良市，那就是一次海侵事件。原有海堤被沖毀，海水退卻後，美國政府在當地新建海堤，並將其從原位置向外延伸了數百公尺。為了這項工程，政府總共花費了超過100億美元。由於新奧爾良市每年GDP（國內生產毛額）有2,000多億美元，花這筆錢還是值得的。

未來最大的海堤可能會建在直布羅陀海峽。因為地中海兩岸都是全球富裕之地，海平面上升為它們帶來的危險極大。直布羅陀海峽是地中海與整個海洋體系唯一的自然聯通處。另一端蘇伊士運河是人工河，水量不僅少，而且可控制。如果海平面上升開始威脅地中海沿岸國家，最好的辦法就是在直布羅陀海峽處截斷海水。

直布羅陀海峽最窄處僅13公里，但是深度卻有300公尺，建設海堤頗有難度，估計要花費2,000多億美元。如果這條海堤沒經費建，至少可以在東端博斯普魯斯海峽建設海堤，以保護黑海沿岸國家。那裡最窄處只有708公尺，最淺處只有27.5公尺。

無論如何，未來幾十年，沿海築堤會成為人類最大的基礎工程專案。屆時，無論你是工程師，還是工地上開吊車的工人，都是很有前途的。

04 垃圾處理師

　　人口數量的增加也意味著產生更多的城市垃圾。如今，一個城市所有居民扔掉的垃圾量，遠非當年可比。

　　這一變化在已開發國家早就已經出現。他們沒有地方堆垃圾，就把相當一部分轉移到開發中國家。如今，越來越多的國家富裕起來，已不願意變相成為一些已開發國家的垃圾場。同時，城市人口還會不斷增加。未來，垃圾處理便成為剛性需求，是一個潛在的高成長行業。

　　幾十年前，「收破爛的」踩著三輪車，穿梭在大街小巷收購廢物。當時，他們的收入超越了一般的薪資收入階層。其中一些人累積起初步資本後，還僱用工人進行廢品回收，有些甚至成為了百萬富翁。

　　後來，大量的社區實施社區化管理，廢品回收人員難以入戶，消失了一段時間。居民也只好把垃圾全都扔進垃圾桶。

　　再後來，各國紛紛推出垃圾分類措施的法案，以督促都市居民改變垃圾丟棄方式。同時，被稱為「垃圾分類師」或者「垃圾分類鐘點工」的職業相應誕生。筆者看來，這其實是廢物回收人員在網路時代的回歸。

　　現在這門生意剛起步，預定的人還很少，大部分投資人

還收不回成本。但在可見的將來,當一棟大樓裡的大部分居民都需要有人幫忙進行垃圾分類時,這個行業就會穩定下來。屆時,電梯旁邊會等著兩類人,一類是快遞員,一類是垃圾處理人員。

由於垃圾處理的空間越來越小,難度越來越大,垃圾分類法規肯定會推廣到全國。未來,更多的人會成為「垃圾分類師」。

除了垃圾分類,垃圾的「總產量」也在提高,這就需要更多的垃圾處理工廠,特別是廚餘垃圾。近年來,隨著餐飲業規模不斷擴大,產生的廢棄食用油量也非常大。有不法商人用它提煉「地溝油」,雖然這種油不應該供人食用,但國外曾經有人把「地溝油」作為航空用油做實驗,結果證明可以供飛機使用。

長久以來,農民會進城購買廚餘來餵豬,這是一種最初的處理廚餘垃圾的方式,然而這方法非常不衛生。曾有一位名叫李延榮的企業家創立了一家公司,專門回收廚餘垃圾,將其餵食給蟑螂,然後再進行加工,將蟑螂轉化為蛋白粉,作為雞飼料使用。

透過引進科學技術可以實現高效率轉換,其他廚餘垃圾經過高溫高壓和粉碎,也可以作為飼料使用。將來,合法加工廚餘垃圾,會是一個新興行業。

石墨烯是最近發現的一種高強度材料,目前還處於實驗

室階段，難以量產。美國萊斯大學的研究人員從廢輪胎中提取炭黑，經過雷射脈衝處理後，成功生成了石墨烯。這個方法可能是垃圾轉化為高科技產品的最尖端技術。

　　總之，從收集到加工，垃圾處理將成為未來一大熱門行業。

05 仿古馴獸員

　　相信大家都知道《侏羅紀公園》的故事。基因學者在琥珀裡找到了遠古蚊子的遺體，並從中分離出恐龍 DNA，復活了這些龐然大物。然而，現實中真的有人在做類似的事，那就是俄羅斯的更新世公園。

　　更新世是一個地質年代名稱，人類就產生於這個時期。更新世末期，不少體積龐大的哺乳動物滅絕，有猛獁象、劍齒虎等。牠們當中最後的存活者，可能在幾千年前才死去。而且，牠們中很多的屍體被埋藏在北極凍土裡得以保存。俄羅斯人經常從西伯利亞挖出猛獁象乾屍，他們中甚至有人吃過猛獁象的肉。

　　這樣良好的保存結果，遠比恐龍更容易復原。而且，牠們與我們生活在同時代，一旦復活也完全能適應今天的環境。所以，很早就有基因學者提出希望復活這些動物。

　　20 多年前，俄羅斯人齊莫夫在北極凍土帶買下 56 平方英里（1 英里 ≈ 1.6 公里）土地，改建為更新世公園。他的初衷是往裡面投放大型食草動物，用牠們的糞便給草原施肥，進而阻止凍土帶中碳的釋放。齊莫夫堅持認為，更新世末期由於當地人大量捕殺猛獁象，最終導致自然循環失衡。

　　後來，齊莫夫見到了哈佛大學的基因工程學家喬治·

丘奇（George Church），後者建議複製猛獁象，認為以猛獁象的個頭和食量，會比野牛等動物更容易改變草原現狀。也許將來，那些被人們滅絕的動物都能在更新世公園裡重新出現。

這一前景在技術層面上完全可以實現。除了劍齒虎，在更新世滅絕的其他動物對人類基本無威脅。所以，打造更新世公園比侏羅紀公園安全多了。

日本近畿大學教授入谷明設計出整個複製過程。科學研究人員計劃把猛獁象的體細胞核植入大象的卵子，讓非洲象作為代孕母親，最終使猛獁象復活。

與此同時，澳洲有個研究小組準備複製已經滅絕的袋狼。美國一個研究小組開始復活一種滅絕的野生白山羊。至於渡渡鳥、斑驢、紅狼等這些滅絕不到數百年的動物，科學研究工作者更有條件使用複製技術讓牠們回到現在的世界了。

當然，這些計畫還都停留在設想階段。最近，美國的科學研究團隊複製出普式野馬。1969 年，普式野馬在野外環境中已經滅絕，剩下的生活在敦煌西湖國家級自然保護區，是人工繁育的品種。美國的科學研究團隊用 40 年前找到的冷凍遺傳物質複製出了活體。

當然，這些動物可能終生生活在人工飼養環境中。但這也沒什麼，比如「活化石」大熊貓就是如此，中國人工飼養

的熊貓已經占整體總數的五分之一；世界上存活的老虎更是
大部分都生活在虎園。

　　所以，未來需要一批有生物專業背景的畢業生，去飼養
複製古生物。因為，這比飼養普通家畜更需要科學知識。

第八章　與社會管理有關的職業

—— 重構社會秩序：現代人不可避免的責任

　　　　一個高度資訊化，又保持高度流動的社會是怎樣的？它將有怎樣的管理模式？又會增加那些管理職位？下面這章裡，我們開始討論這些問題。

01 社區巡守人員

　　以前的城市就是個「大農村」，人員很少流動，幾代人都住在一起。相對來說，老年人更熟悉情況。但是從 1990 年代，各城市開始舊房改造，傳統人際關係被打散。新建的大樓實施社區化管理。

　　近幾年，各地紛紛集結社區巡守人員深入基層，並同時處理上級交辦的事務。很多社區巡守人員由退休人員擔任。

　　展望未來，社區巡守人員會成為一個很有前途的行業。因為，未來還會有更劇烈的人員流動。小城市人口也會加速流向大城市。這是產業升級的結果，同時也形成了巨大的流動人口，而這都需要基層的社區管理。

　　除了管理功能，社區巡守人員的服務功能也會逐漸提高。比如，當一個人到了陌生城市後，除了工作，還有福利保障、衛生、治安，甚至社交等各方面的需求。越來越分散的親屬關係會讓他產生孤獨無助的心理，這時就需要社會基層組織提供服務。未來，這個責任會落到社區巡守人員身上。

　　未來的社區巡守人員就是社會學家，他們要與社區內的每個人打交道，透過談話了解需求，在就業、搬遷等問題上給予幫助。

　　社會發展對社區巡守人員的工作能力提出了更高的要求。社區巡守人員的主要工作任務，包括「巡查、發現社區內的工程（公用）設施問題」、「研究社區內的環境問題」、「收集、整理、分析相關資訊、資料，提出社區要如何改善的建議」等內容。顯然，要把這些事做好，需要很高的文化水準和綜合能力。

　　另外，最近又些徵才已經為社區巡守人員設置了年齡上限了，比如不能超過 45 歲。所以，社區巡守人員將不再是退休人員，而成為一個正規職業。

02 行為預測師

　　科幻片《關鍵報告》講了這樣一個故事：警方安排了三個有特異功能的人，他們能預感某處會發生犯罪。警方接到情報後，就會去現場制止尚未發生的犯罪。

　　預測人類行為並非聽起來那麼玄妙。人類的思想可以天馬行空，但行為卻受限於環境限制。根據一個人以往的行為，以及周圍的條件，便能大致預測其行為。

　　過去，科學家難以預測行為，主要是並不能掌握具體的行為資料。比如，上週六下午三點半你在哪裡？在做什麼？這個簡單的問題其實很難回答，恐怕連你自己都忘記了。

　　有幾項新技術的發明大大提高了行為記錄能力。

　　一是影片技術。只要一個人在都市的公共場所活動，想躲開所有監視器攝影機基本上是不可能的。

　　二是大數據技術。現在人們有很多重要工作和消費行為都在網路上進行，透過抓取網路足跡，就能找到一個人的行為規律。有些商業網站已經能預測出一個人在每年、每月中有哪些週期性消費，並在特定時間段推銷產品。在美國，運用大數據技術可以分析一個人是民主黨人，還是共和黨人，其準確率為 80％ 左右，比普通人憑感覺預測要準確得多。

　　三是生物識別技術。隨著人臉辨識、動脈血辨識等技術

的應用，我們會隨時在各處留下行為痕跡，獲取這些痕跡就可以大大提高對個人行為資料的採集能力。

　　美國東北大學學者巴拉巴斯帶領團隊從 2008 年開始研究如何預測人類行為。他們從 1,600 萬手機使用者中篩選出 15 萬人，進行長期追蹤。結果發現，93％的人類行為可以預測！

　　將來，行為預測師會大量出現。他們來自目前的社會科學家。所謂社會科學，就是透過個人行為來預測社會的整體趨勢。由於以前沒那麼多技術來收集個體行為，整個社會科學研究的基礎都不牢固。

　　將來，社會科學家將使用上面這些技術，具體記錄人們在工作、消費、交流和婚姻等方面的行為，並進行預測，進而為政府、商家和個人提供建議。

03 壓力管理員

「人無壓力輕飄飄，并無壓力不噴油。」

如今，相信很多人對這句話已經很陌生了，它是電影《創業》當中的一句臺詞。《創業》講的是石油工人開發油田的故事。當年，還有「一不怕苦，二不怕死」等類似的口號。

筆者就成長在這種氛圍下，從小就怕被認為是不抗壓的人。很多年後才發現，社會輿論不知不覺發生了變化。壓力成為一個負面詞彙，因為壓力與心理疾病，甚至和身體健康息息相關。

其實，無論是過分地強調精神力量，還是過分地強調減壓，都是不正確的。壓力是人類行為的動力。當壓力強度適當時，人會沉浸在行動裡，感受不到壓力的存在。一旦感受到壓力，那就是壓力強度過大。

壓力與自律神經系統控制的身體活動相關，包括內臟、血管平滑肌、心肌和腺體的活動。自律神經系統有較多的獨立性，特別是具有不受意志支配的自主活動，所以又叫不隨意神經系統。人們討厭壓力，也正是因為它的「不隨意」。一個人不想緊張，但是卻心跳加劇、肢體顫抖。長期壓力過大，還會導致病變。

壓力常被當成外來物，其實壓力大小與身體適應能力密切相關。而且，可以透過生理檢測手段找到與壓力有關的醫學徵象。

未來，企業會僱用壓力管理員，或是由政府派出壓力管理員到企業巡視。他們要在員工處於工作狀態時抽查其壓力水準，評估其壓力是否過大，進而對整體工作安排提出調節的建議。

在繁華的都市中，提供給個人的發展機會相對較多。然而，人員密集的後果之一是壓力累積。未來，都市裡會出現壓力管理行業。它可以是公益機構，也可能是商業公司。屆時，壓力管理不再是語言上的說教，而是依靠技術進行管理。

一個壓力管理區會占用大量獨立空間，其環境顏色適合減壓，有柔和光照且空氣良好。減壓區配備生理檢測設備，能迅速從生理角度測試壓力。同時，配備有生理回饋裝置，能幫助人們以自助方式完成減壓。

這樣的減壓區需要專業的管理員 —— 壓力管理員。他們需要檢測和操作設備，教使用者如何使用，還要處理突發事件。相反的，如果人們感到壓力不足，生活乏味無聊，壓力管理員也可以幫助他們提升壓力。

04 行為矯正師

1972 年，著名導演史丹利・庫柏力克（Stanley Kubrick）
拍攝了電影《發條橘子》，引起強烈的迴響。

主人公亞歷克斯是街頭幫派頭目，他毆打乞丐，入室搶
劫，無惡不作。雖然被警察抓到，但因為不滿法定年齡，無
法判刑。於是有行為科學家提議，對他實施行為矯正術。他
們把亞歷克斯綁在特製椅子上，播放暴力電影，輔之以電擊
和催吐劑，讓他形成條件反射。最後，亞歷克斯戒除了一切
暴力行為，甚至連遇到襲擊也不會反抗。

電影改編自英國作家安東尼・伯吉斯（Anthony Bur-
gess）的同名小說。兩者故事大致上相同，但是結尾不同。
在小說裡，亞歷克斯長大後，變成普通的成年人，並且後
悔青少年時期做的錯事。所以，原小說肯定了行為矯正的
價值。

電影刪除了這個結尾，而且片中透過人物造型等手段，
把行為科學家描寫成了反派，是一部批判行為矯正的電影。
安東尼・伯吉斯還為此抗議電影曲解了小說本意，但是當時
電影的影響遠大於小說，這個故事的主題從此定型。

安東尼・伯吉斯於 1962 年寫出原著時，行為科學正在流
行，故事中的行為矯正術基本上符合現實。透過原著，我們

會看到社區矯正的價值。

在古代，人類無法建造大量的監獄。犯人主要被罰作奴婢，或者流放，很少集中關押，而是讓社會力量約束他們的行為，這已經包含了社區矯正的意思。當然，這樣做弊端極多，所以，當人類有能力建造監獄後，罪犯就被從原社區移到監獄裡。

到了19世紀末，一些社會學家對長期監禁提出質疑。他們認為，獄警不是教師，犯人只是被關在裡面，並不能得到教育。而且監獄裡各種罪犯混雜，輕罪犯人反而會沾染惡習，學習到更多犯罪技巧。

考慮到這些問題，他們提出把犯人放回社區，以社區矯正代替監禁。然而，由於這種方式無法保證對罪犯的約束，所以提出了一個世紀之久，都被視為空談。直到電子監控技術發展成熟，透過讓犯人佩戴電子元件，可以即時獲取其位置，社區矯正才成為現實。

如今在西方一些國家，判處社區矯正的案件已經超過判處監禁的案件。在臺灣法律裡面，管制、緩刑、假釋這些做法也都接近於社區矯正。在不遠的將來，社區矯正會大規模代替集中監禁。

然而，讓罪犯在社區裡活動，並不是意味著放任不管，這樣反而更需要專門人員矯正他們的行為。透過懲罰和獎勵改正行為，本來就是行為科學的主旨。

　　只不過，今天的行為矯正已經不再用電擊、手環這些手段，而是將人類的行為分門別類，透過放鬆和收緊進行獎懲。

　　未來，會有很多行為矯正師深入社區，教育罪犯。他們不是警察，但會在警察的配合下行動。《刺激 1995》和《逃獄》這種電影中的場景，也將成為歷史。

05　長者服務中心員工

　　傳統社會講究「父母在，不遠遊」，這是考慮到家庭養老問題。經濟社會發展初期，青壯年為了追求更高的收入紛紛離家。其中有相當一部分人帶著父母離鄉背井，一邊工作，一邊照顧老人。更有人漂洋過海，帶著父母移民國外。

　　這種情況下，子女由於工作的關係尚能融入新社區。而父母脫離了生活幾十年的老社區，將很難融入新環境，他們普遍生活在孤獨當中。

　　社會再往前發展，城市裡出現了很多經濟獨立的退休老人，他們不需要子女的經濟支援。隨著醫療水準的提升和生活觀念的改變，他們的身體健康狀況相對較好。至少到他們80歲左右，都不需要日常護理，也不需要進養老院。

　　對於當代老年人來說，社交反而是最大的需求。他們的子女忙於工作，而老年人則需要社交充實生活。而且老年人往往和子女缺乏共同語言，更願意和差不多年齡的人交朋友。

　　於是，網路上經常出現「相約養老」的新聞。志趣相投的幾位老人聚在一起旅遊，唱歌、跳舞，甚至租房子住在一起，這樣他們平時就可以互相照顧。

　　這種自發性的群體行為，為專業長者服務中心提供了存在基礎。這種服務中心專門照顧「相約養老」的老年人，

既豐富了老年人的休閒生活，又過著比養老院更自由的晚年生活。

長者服務中心跟以老年人為顧客群的旅遊公司不同。後者以專案為主，今天接待這批老年人，明天接待另一批老年人。長者服務中心以個人為主，一個機構專門服務於特定地區的老年族群。這週可能策劃老年人旅遊，下週可能舉辦老年人唱歌、聚會。

老年人跟團旅行，需要按照旅遊公司安排的日程活動。長者服務中心則以老年人自己的要求為主，並提供有針對性的服務。與老年人自己辦團體活動相比，長者服務中心員工是年輕人，他們熟悉新技術，比如網路技術、駕駛技術，可以解決老年人遇到的技術問題。而且他們體力好，如果遇到危險情況，是老年人的可靠支援。

所以，老年族群不敢碰的活動，比如漂流探險等，長者服務中心可以代為籌劃。老年人因為年齡原因不能駕駛車輛，會有年輕人擔任司機，這樣他們也可以自駕旅行。

另外，長者服務中心的員工都是年輕人，可以給老年人帶來活力。員工還要掌握老年心理學，熟悉老年人的生活方式、興趣愛好；了解老年人唱的歌、看的電影、經歷的過往，做老年人的朋友。長者服務中心員工常年與老年人打交道，會比親生子女更了解他們的生活習慣。

隨著臺灣進入高齡社會，「老人之友」將成為熱門行業。

06　臨終關懷師

　　告訴大家一個好消息，未來人類的平均壽命還會大幅增加。同時，再告訴大家一個壞消息，因為壽命增加，在病痛中等待死亡的失能老人會越來越多。這樣一來，一個新職業會成為社會的重要需求，那就是臨終關懷師。

　　傳統社會中，很多人在青壯年時期便死於自然災害或者戰亂，其實他們體能尚佳，只是遭遇了突發性事件。由於沒有現代醫學，有的人連被剪刀割破手指，都會面臨感染死亡的危險。

　　現代醫學系統建立起來之後，人類的健康水準有了很大的提升。然而，本著治病救人的宗旨，醫生會竭盡全力地挽救一切病人的性命，其中包括高齡老人。這樣導致了越來越多的老人在生命結束前要接受高強度的治療。

　　1967 年，英國人桑德斯創辦了世界上第一家「臨終關懷」醫院，這家醫院名叫聖克里斯多福臨床關懷院。臨終關懷理論認為，讓老人們全身插滿管子，毫無尊嚴地死去，並不符合人道主義。相反的，如果確實治療無望，醫生們應該提供「姑息性療法」，以減少病人的痛苦為主，讓病人享受人生最後的時間。

　　2021 年香港藝人吳孟達因肝癌離世，有報導稱他在去世

前的一段時間裡，每隔 4 小時就要打一劑止痛藥。這也讓人們再次關注「臨終關懷」這份人道主義事業。

什麼樣的病人有希望治癒？什麼樣的病人沒有希望治癒？這是醫學專業的問題。所以，是否進入臨終關懷，必須由醫生決定。一般情況下，醫生判斷病人只有不足半年存活期時，才會給出臨終關懷的建議，而且是否採納由病人和家屬自行選擇。

這裡有一個錯誤認知，就是臨終關懷並非是讓病人回家等待死亡，而是入住專門的臨終關懷機構。在這裡同樣提供醫療服務，但是是以讓病人生活愉快為宗旨，所以不提供已經失去意義的手術和器械治療。

日本是著名的高齡化國家，在亞洲最早辦起「臨終關懷」療養院，並且設置「臨終關懷師」這種職業。

但是，現在的社會能提供的臨終關懷服務只能幫助到極少數人。同時，我們知道仍有很多醫學院的畢業生找不到工作，所以，這種供需矛盾之間的瓶頸，便是缺少專門的臨終關懷機構。

治病救人是文明的一大進步，臨終關懷同樣是文明的進步。相信隨著時間的推移，臨終關懷機構將會普及，臨終護理師也會像護理師那樣成為正常的職業。

07　問題公益人

　　「救急不救窮」，曾經是小農社會的公益原則。古代社會的救濟主要以急難為主，比如某地出現災荒，寺廟會煮粥賑災，政府會借種子，以幫助災民撐過荒年，但不會年年如此。

　　傳統社會結構解體後，為了避免大規模的人道主義危機，各國都在建立以身分為標準的公益體系。即劃定弱勢族群，並給予他們全方位的、永久性的優惠。慈善事業也向身分傾斜，比如民族身分等。然而，隨著社會逐步走向富裕，人人都有飯吃，有衣服穿，基本生存需要都可以滿足後。以身分為救濟標準的公益事業顯示出了局限性。因為它沒有考察個人具體的情況的話，會吸引一些人改變身分來滿足公益的要求。比如，有些移民把父母接到國外，再申請當地的長期救濟，造成了惡劣的影響。

　　另外，在現代社會，失業被列入公益救濟目標。但是進入 21 世紀，很多人選擇主動失業，或者因為長期打零工而被計入失業。他們並不想有穩定職業，甚至不想工作。所以，以這群人為救濟目標顯然不合理。

　　20 世紀初，在已開發國家，以解決實際問題為目標的救濟原則流行起來，也就是恢復了「救急不救窮」的原則。比

如「居喪團體」，就是大家聚集起來，幫助剛剛有親人去世的人，讓他們度過難關。又比如戒酒小組，就是由已經戒酒的人來幫助努力想戒酒的人。

進入網路時代後，也出現了以問題為導向的公益組織。比如「肝膽相照」，就是 B 肝患者自發形成的組織，幫助病友解決社會對 B 肝患者的歧視。尋找失蹤兒童的民間組織也有不少，並且具有很大的社會影響力。

這些組織的形成，其背後的原因就是社會生產力高度發展，人人都能解決基本需求。很多問題並無針對特定身分，比如某種特殊疾病，或者孩子被拐賣，中產階級和富人也會遇到。但是，慈善機構若以身分為標準的話，不會救濟他們。即使想救助，也沒有專業知識。

最初，這些以問題為核心的公益組織裡面都是志願者，大家都有「一本難念的經」。但是公益組織要發揮作用，必須要有專業人員，而且面對同樣一個問題，比如「失孤」，需要熟悉情況的人把經驗、教訓傳遞給他人。所以，這些公益團體中的一部分人將轉為專職人員。而以問題為導向的公益組織也會取代以身分為導向的公益組織，成為社會慈善事業的主流。

08 高危職業 —— 祕書

曾經有人問我，能寫那麼多本書，是不是請了祕書？我回答說，我請了兩個祕書，一個幫我收集寫作資料，一個幫我抄錄寫作稿。

我當然沒錢請祕書，而且現在的電腦就能做以前兩個祕書的工作了。當年我選擇從事職業寫作，一個重要前提就是學會了速成輸入法。我當時每小時可以打出 2,000 字左右，我覺得這個速度可以養活自己。

如果說資訊技術幫助了職業作家，那麼深受其害的就是文字祕書。所謂文字祕書，就是專門寫文字稿的祕書。中國古代就有「師爺」這個職務，他們專門為官員草擬文案。還有，科舉考試中有個重要標準，就是不光文章內容要好，考生的書法也要過關。因為一旦錄取，很多人都要從事文書工作。

進入現代社會初期，祕書仍然是政府體系裡面的一個重要職務。我曾經認識一位當祕書的朋友，一次閒聊時有人請他幫忙代擬一個總結報告，這位朋友十分鐘就能寫完。他告訴我，各種文案在他心裡都有範本，隨時能調出來使用，那時候電腦還沒有普及。如今我們打開文書處理軟體，就會找到「報告助手」之類的程式，輔助我們完成寫作。更有語音

轉文字軟體，它可以直接把講出來的話變成文字。也可以用語音錄一篇發言稿，再自己修改，既省時又省力。當然，祕書除了寫作，還要處理上司交辦的其他事務，高級祕書從事接待、協調、綜合承辦等工作，為數眾多的小祕書則負責抄抄寫寫。

從 1980 年代開始，辦公自動化替換掉其中的很多人。展望未來，祕書中「書」的功能會越來越小，「助理」的意義則在提升，因為助理的很多工作內容具有創造性。但這樣一來，祕書的總數就會下降。

09 高危職業 —— 律師

我認識一個人，他經常出入司法部門。他曾對我說，什麼叫打官司？打官司就是挑剔措辭！

這個定義當然不準確，卻道出了法律工作的某個重要方面 —— 與文字打交道，律師的工作尤其如此。他們無權蒐證和偵察，只能在案情變成文字後介入。所以，律師把更多的工夫花在研究法律概念上。另外，雖然在電視劇中，律師們總出現在法庭上。但在現實生活裡，律師主要是以法律顧問的身分受聘於企業或者個人，幫客戶審看合約，或者遞送律師信的。至於他們的工作背景，也就是法律本身，是一套龐大的文字體系。所以，如果說律師的工作就是挑剔措辭，應該也不算錯誤。然而，人工智慧不是也擅長語言符號嗎？尤其是那些列印出來能有書本那麼厚的合約，由程式來審查電子版不是會更快嗎？

2018 年，以色列人便研發出一款「法律 AI 平臺」，並與人類律師進行比賽，比賽內容就是審查協定。當時有 20 位真人律師參加了比賽，結果 AI 律師用時 26 秒，人類律師平均用時 92 分鐘。當然，有人會說速度不是唯一指標。但是在審查結果上，AI 律師的準確度高達 95%，人類只有 85%。

律師往往按時間收費。企業僱用他們，很多都是為了處

理那些有密密麻麻文字的合約。於是，不少律師拿到合約文本後會審看很長時間，以增加收費額。所以，即使 AI 律師的準確率沒有高於人類律師，時間上的明顯優勢也會吸引企業使用。

如果說以色列人研發的律師程式還只是實驗性質，深圳有一家公司推出的「找大狀」網站，就把 AI 法律審查變成了實際應用。這個網站的服務對象以企業為主，可以審查智慧財產權合約、勞務合約、股權合約等，其錯誤率已經遠低於人類律師。

上面所述都是審看已經擬定的合約，而香港科技大學的研發團隊開發的「機器人律師」系統，可以代客戶擬定法律文件。無論是離婚合約，還是繼承遺產合約，使用者用日常語言向「機器人律師」講出自己的訴求後，「機器人律師」就可以轉換出一份法律文件。

在法治社會裡，人人都需要法律服務。現在，這些 AI 律師擅長的領域還不多，像是刑事案件暫時還不會讓它們參與，而且速度和準確率還有待提高。然而，AI 的長處並非是有多聰明，而是它們超強的學習能力。累積成千上萬個案例後，AI 律師肯定會快過人類律師，至少可以快過那些只會從事文案工作的律師。

未來，恐怕有相當大一部分律師會被 AI 律師所取代。

第九章　與科學研究有關的職業
—— 解密未知領域：突破邊界的創新者

你長大後要做什麼？

當科學家！

在我小的時候，每當有人做職業聲望調查，「科學家」總能排第一。為了當科學家，需要學習理工科系。不過以後學了這些專業知識後，你可能不是直接去做科學研究，但仍然屬於科學事業的一部分。

那又是些什麼職業呢？

01 科研競賽統籌人員

　　提到英國發明家喬治・史蒂文生，大家都會想到他是蒸汽機車的發明人，其實並非如此。在他之前，西爾維斯特已經發明出蒸汽機車樣品，但並不實用。1829 年 10 月，英國舉行蒸汽機車大賽，史蒂文生製造的「火箭號」遙遙領先，從此讓火車進入實用階段。

　　如果喬治・史蒂文生生活在今天，恐怕難以出頭，因為他到 18 歲才會寫自己的名字。然而，大眾更關注科學研究成果本身的價值。

　　1980 年代中期，幾個國家展開一場超導科學研究競賽。超導科技有很多指標，最重要的就是臨界溫度，這個值越高，材料越有實用價值。1986 年，中國的趙忠賢團隊在鑭鋇銅氧這種化合物中首先發現了臨界溫度為 48.6K 的超導現象，同時，還發現了 70K 的超導跡象。幾個月後，即 1987 年 2 月，他們在實驗中獲得了超導轉變溫度為 93K 的液氮溫區超導體，並在國際上第一次準確公布了材料的組成成分。

　　如今，世界上幾個核融合裝置都在運轉，以商業營運為目標。其中，中國的「東方超環」裝置世界領先，也是因為它創造過等離子體持續放電 101.2 秒的紀錄。

　　上述的範例啟發了我們，在許多科學研究領域可以提取

一兩個主要指標，並作為評價標準，應用科學和工程技術領域更是如此。

　　實際上，為科學研究設定目標，舉行競賽、設立獎金，在歷史上早已有過類似的例子。飛機發明不久後，就有人設立奧爾特加獎，將 2.5 萬美元的獎金頒發給第一位成功飛越紐約至巴黎的人，美國的林白便成功奪得了這個獎項。1998年，美國聖路易斯市一位商人有感於此，為航太設置「X 獎金」，獎金高達 1,000 萬美元，條件是飛過離地面 100 公里高的「卡門線」，且安全返回，並在兩週內重複一次，其目標是鼓勵開發發射技術。美國國防高等研究計劃署舉辦的自動駕駛比賽，以里程為標準，也是同樣的性質。

　　還有出於非科學目標所設立的科學發明獎。動物倫理聯合會出資了 100 萬美元，獎勵首個把人造雞肉投入市場的公司。他們設置了一系列標準，包括味道、口感與常規雞肉無差別，在美國 10 個以上的州進行商業化銷售，價格與常規雞肉相當。

　　目前，科技界還只有這些單項獎，而且覆蓋面還不廣。未來有可能會開辦跨領域的「科學奧運會」，在航太、航海、材料、能源等各個領域設置科學研究目標和獎金，讓各國科學研究團隊自由報名參賽，以客觀效果見分曉。

　　展示不同領域的科學研究成果，需要不同的場地和器材。所以，「科學奧運會」不會集中在一處舉行，有可能舉

辦全球的雲端競賽，並且把單項競賽分開，這個月比賽奈米技術，下個月比賽無人駕駛汽車，以此類推。

如此一來，「科學奧運會」需要大量的統籌人員。他們既要懂科技，又擅長籌備賽事與展會，還要懂得科學傳播，及時把成果向公眾宣傳，激發大家對科學的興趣。

02 AI 專家製造者

　　普通人見到的機器人，通常不是在酒店門口迎賓，就是在商場裡發傳單，或者在綜藝節目中跳舞。這些機器人並不屬於高科技，最好的機器人都在做人類做不到，或者是做起來有危險的事。資料獲取便是機器人的一個重要用武之地。

　　不管有如何高明的理論，科學研究中最重要的還是收集第一手資料。達爾文創立演化論，是因為他跟著小獵犬號做了好幾年的全球考察；哥白尼本人雖然沒做多少天文觀測，但在他之前 1,000 多年間，無數天文學家用眼睛累積了觀測資料；伽利略更是實驗專家，還自己製造了天文望遠鏡。

　　直到半世紀前，資料獲取這個科學研究中最基礎的工作還是手工工作。地質學家要外出敲石頭，動物學家經年累月地守在野外觀察目標，天文學家夜夜不眠地盯著太空。但是，隨著自動化技術不斷引入科學研究第一線，機器人成為收集資料的好助手。

　　以前，研究礦產資源需要地質專家親自採集樣本，不少人在這個過程中發生意外，有的甚至失去寶貴生命。1950 年代，中國培養了 10 萬人左右的勘探隊伍，以滿足國土資源調查的需求。現在，取樣機器人能取代他們的很多工作。這種機器人有履帶，也有機械手臂，能夠自主設計路徑，自動避

開障礙，同時取得多個樣本。像在火山口採集熔岩這種危險工作，現在都由取樣機器人來執行。

化工行業的取樣機器人要去檢測危險的化學製造設備，比如對反應罐內部進行檢測。還有一種機器人專門爬通風管，檢測裡面的細菌留存。

深海生物的習性一向難以研究，因為深海生物被撈出海面後通常會很快死亡。美國自然史博物館的研究人員發明了一款軟體機器人，專門研究水母。它可以把游動中的水母纏住，施加各種刺激，藉此考察活水母的反應。

還有，天文學家也不用像幾百年前他們的前輩那樣用肉眼一直觀測，程式會自動比對天文照片，發現有變化時就會發出提示。

科學研究機器人早就出現在新聞中。「玉兔號」上面的月球車就是代表，它降落到月球表面後經常自主運行。

和家用掃地機器人相比，科學研究機器人無法大量製造。正像月球車那樣，它們是為了單一目標而設計，有可能只製造一臺，而且每次都要重新設計。科學研究機器人整合了各種種類但數量有限的非標準零件。此外，科學研究任務本身常有時間限制，因此製造這些機器人時需要嚴格的進度控制，同時由於受限於科學研究的經費，通常不能過於昂貴。

展望將來，各國都開始研發製造科學研究機器人，而且資料獲取是永遠不會消失的工作。

03 科學研究後勤專家

伽利略自己製造望遠鏡，雷文霍克用自己製作的顯微鏡觀察微觀世界。如果你已經熟悉這些例子，請不要把他們的工作與今天的科學工作混淆。現在已經沒多少人為了科學研究，還要自己製造儀器了。如今的科學研究基本上都靠市場上提供的科學研究條件。

儀器進步對科學研究的作用非常大，所以，諾貝爾獎經常授予科學研究儀器的發明者。X 光機、電腦斷層掃描儀、心電圖機、隧道掃描望遠鏡等的發明者，都曾經拿過諾貝爾獎。這些儀器研發出來後，就進入工業化量產階段，後人有需要的話會直接購買。

除了實驗室，大量工程技術領域也需要儀器，於是形成了龐大的儀器儀表產業。而且還以每年百分之十幾的速度增加。

儀器儀表可以買，一些特殊的科學研究設備則無法購買，只能租用。例如衛星，每次發射都會攜帶各種實驗，這些實驗來自不同的科學研究單位。這些實驗需要在太空環境中進行，例如太空育種等。然而，這些科學研究單位本身往往無法獨自發射衛星，因此將這些實驗捆綁在一起，共同進行太空發射變得更加有利。至於著名的國際空間站，更是各國混合使用著超大型的科學研究工具。

　　能進入深海的深海潛水器比衛星還少，還好它能夠反覆使用。所以，每架深海潛水器都會被不同的科學研究機構，甚至不同國家的海洋學者所租用。著名的「阿爾文號」深潛器建造於 1960 年代，它不僅因發現深海熱液而在科學史上留名，還幫助美軍尋找丟在深海的核彈，拍攝過「鐵達尼號」的殘骸。總之，它被各種機構租去做非常多的事情。迄今已執行過五千多次任務

　　現在，中國也建成了自己的重大科學研究設施，並出租給各國。比如著名的「中國天眼」因有高解析度的優勢，除了供給本國天文學家使用外，也向國外出租時段。而未來的中國太空站「天宮號」，已經正式發布國際合作的邀請。

　　為科學研究做後勤，除了直接提供物質保障外，還有一個比較隱蔽的服務領域，就是為科學研究提供金融服務。某個領域的科學研究成果越多，今後再取得新成果的費用就會越大。現在，很多科學研究需要金融的介入。比如衛星發射保險，就是最初的科學研究金融服務。衛星發射以風險高著稱，所以早早就被納入保險公司的業務範圍。

　　更直接的科學研究金融，是為重大科學研究專案做風險投資。早在 19 世紀，發明家愛迪生背後就站著金融專家摩根。在今天的美國，保羅‧艾倫（Paul Allen）、貝佐斯（Jeff Bezos）等這些大亨也在投資航太科學研究，也是典型的科學研究金融。

今後，為某個科學研究專案做群眾募資，會越來越普遍。國外有個「Experiment」網站，就專門在做科學研究專案的群眾募資。它由兩名華盛頓大學畢業的華人建立，目前累計發起了數百次群眾募資，其中有三分之一獲得成功。

和篳路藍縷的科學前輩不同，未來的科學研究要在物質和金融上都能得到保障。而提供這些服務的人，就是科學研究後勤專家。所以，如果你未來拿到理工科學位，不一定非要從事科學研究。為一線科學家服務，也是個不錯的職位。

04 高危職業 —— 科技期刊編輯

進入大學前，你可能對科學抱有遠大理想。進入大學後，老師會告訴你，除了有遠大理想，學習和職業生涯中還有一個重要環節，那就是發表學術論文。

回想一下小學和中學階段的自己。教室的牆上貼著很多人物的肖像，如果是文學家，我們看到他，就會聯想到他的作品；如果是科學家，就會聯想到他的成就。但是，很少有人知道這些文學家或者科學家一生都寫了什麼書。

當然，哥白尼、牛頓或者達爾文都寫過「偉大著作」。但是，天文科系的學生不需要讀《天體運行論》，物理科系的學生也不必看《自然哲學的數學原理》。市面上流行的《愛因斯坦文集》主要收錄了他的自傳和信件，而不是學術論文。科學家不同於文學家，不需要靠文字傳世，有成果就是偉人。

SCI（科學引文索引）、EI（工程索引）、ISTP（科技會議錄索引）是世界著名的三大科技文獻檢索系統，是國際公認的進行科學統計與科學評價的主要檢索工具。1957 年，美國科學資訊研究所的加菲爾德（Eugene Garfield）創辦了 SCI 資料庫，開創科技文獻檢索系統之先河。

幾十年來，SCI 成為科學界重要的評價標準之一。當

然,真正有重大價值的科學研究成果,肯定有很多人圍繞著它寫論文。但是,大部分的科學研究成果沒有劃時代意義,或者其價值可能在很久以後才被發現,所以,相關論文很容易被埋沒。想要將所寫的論文發表在足夠級別的學術刊物上,除了必須符合期刊定位外,還得有創新價值。所以,很長一段時間內,發表學術論文成為很多科學研究工作者職業發展的「瓶頸」。

如今,有些國家已經意識到這個問題的嚴重性。應該要破除論文「SCI 至上」,也要以此為突破口,拿出針對性強、實用性強的實證,破除「唯論文」迷思,樹立正確的評價導向。

這並非要學者不寫論文。相反的,將來的學術陣地會慢慢向網路靠攏,借鑑網路文學傳播形式,任何人都可以自由發表科學研究論文。如果論文內容的確有價值,這樣會更容易被同行發現。

將來,也不再需要那麼多學術期刊編輯,只需要有人維護學術網站和校對文字。

第十章　與文化藝術有關的職業
—— 藝術盛宴：科學與美學的深度結合

2001 年，臺灣開始實施週休二日。如今不光有兩個休息日，很多企業週五下午就放假了。過去每逢春節，很多企業會上班到除夕上午。現在離大年初一還有幾天，有些員工就會提前休假回鄉了。

隨著生產力的提高，節假日不斷增加，有些國家已經實施每週 4 個工作日。然而，用什麼填滿閒置時間成了新問題。未來，休閒娛樂消費不僅需求劇增，花樣也比今天多得多。

01 探險導遊

看景點，逛古鎮，品嘗小吃……當普通人還沉浸在這種旅遊當中時，某位有名的企業家攀登了一次聖母峰，這使得大家開始關注探險旅遊這種新行業。

探險旅遊當然還是旅遊，不是真正的探險，只不過所去之處大多人跡罕至，既有神祕感吸引著大家，又有一定的危險性。20 世紀末，聖母峰就成為探險旅遊地，雖然不時有遇難的消息傳來，但是不足以阻止慕名的愛好者。如今，攀登一次聖母峰的價格在 2 萬美元到 6 萬美元。如果攜帶的裝備多，價格還會再上升。

南北極也是探險旅遊的重要景點。南極旅遊的目的地主要是喬治王島，那裡有九個中國的科考站，基礎設備好，會騰出一些房間給旅遊者。前幾年有媒體曝出俄羅斯科考船被困南極冰區的消息，其實當時被困的就是一艘搭載遊客的科考船。

北極旅遊的目的地主要是冷岸群島。當地主權屬於挪威，但是依照國際條約向簽約國開放。由於成本高，南北極旅遊價格不菲，都在數萬美元之間。

這些年，近太空成為探險旅遊的又一個目標。最高的是次軌道太空旅行，遊客們乘坐火箭，垂直升到一百公里高

空，領略宇宙空間的風光，但是無法做軌道飛行，幾分鐘後便開始降落。簡易版超高空旅遊使用氦氣球，可以將人吊到三四十公里的高空。在那裡，地平線已經呈弧形，天空也因空氣稀薄而變黑。

另外，有一些探險旅遊追求神祕性，目標是探尋一些未解之謎。南美納斯卡線就是一個探險旅遊目的地。俄羅斯通古斯大爆炸中心是無人區，沒有道路，俄羅斯一些公司用直升機把探險迷運到現場，參觀那片被炸毀的原始森林。

有一部分既有高知識，又有高收入的人追求挑戰自我，或者滿足好奇心，而不只是普通地遊玩。隨著這些族群的日益壯大，探險旅遊在整個旅遊中將占更大比例，這就需要一批專業的探險導遊。比起坐在旅遊車裡講故事的普通導遊，他們更辛苦，而且冒著很大風險在工作。

聖母峰附近的雪巴人就是第一批探險導遊。首位登上聖母峰的人便是雪巴嚮導丹增諾蓋（Tenzing Norgay），隨後才是他服務的登山家艾德蒙・希拉里（Edmund Hillary）。至於南北極旅遊，因為都使用科考船，也多由科考隊員充任導遊。

科學探險協會曾舉辦過多次以南北極、亞馬遜雨林、東非大裂谷為目標的探險旅遊，充任導遊的主要是地理學家。未來，擁有相關學歷的年輕人，會紛紛來當探險導遊。

02 VR 導遊

　　前幾年，對虛擬實境（以下簡稱 VR）技術的投資形成一波高潮。街頭到處都有 VR 體驗館，投資界也不斷炒作 VR 的前景。

　　當時，電視臺要製作一套介紹尖端科技的影片，其中包括虛擬實境技術。我作為解說詞撰稿人，也跟著製作團隊走訪幾家 VR 技術公司，看過後卻感覺它的商業前景並不明朗。投資界熱衷於將 VR 包裝成新式電影技術，也炒作過 VR 電影專案。但現在還沒有出現一部 VR 界的《阿凡達》，甚至連一部完整的長片都還沒拍出來。影視界已經有人分析說，VR 以體驗和互動為特點，天生和電影蒙太奇手法相矛盾。

　　其實，這不是 VR 第一次成為投資熱點。1990 年代中期，一些已開發國家就有過一次 VR 投資熱。當時是把它作為新型電子遊戲技術，強調它的沉浸式體驗。還出現過一些反映 VR 技術前景的科幻片，以《駭客任務》為頂峰。

　　當時，這些 VR 素材電影的票房大賣。但 20 多年後，人們還是用手機或者電腦打遊戲。VR 無論作為新式遊戲技術，還是新式電影技術，都沒在商業上成功過，根本問題在於這兩種行業的虛擬性。遊戲和電影追求自創 IP（智慧財產權），以假亂真，這恰好不是 VR 的長處。

VR 產生於 1929 年出現的飛行模擬器，一開始就追求對現實進行完整重現。直到 1990 年代初，VR 一直是科學研究設備，或者教學設備，功能是為人們展示難以在現實中獲得的體驗，比如觀察月球表面；或是成本很高的體驗，比如練習駕駛太空船。

自從誕生後，VR 技術的目標就是逼真。從螢幕展示到頭盔全景展示，從只有視覺、聽覺，到發明觸覺手套，重點是全方位地把環境資訊傳遞給使用者。所以，VR 如果想民用化，最大的前景是「虛擬旅遊產業」。

雖然人們追求實際體驗的旅遊，但它也會有很多限制。比如，老年人和殘疾人士很難進行高山攀爬之類的探險旅遊。還有一些地方會限制人流，比如北京故宮，每天只能接待 15,000 人左右，遠遠滿足不了需求。另外，一些危險場所，比如火山口或者未探明的溶洞，禁止普通遊客進入，但是有興趣探險的人也不少。

VR 是彌補這些旅遊需求的最佳選擇。肉身難去，可以選擇高品質的網路 VR 感測。當然，這需要利用全景攝影機完成。所謂全景攝影機，即將多個鏡頭集成於球形結構，以捕捉 360 度全方位影像，其中高階產品還能實現 3D 全方位影片攝製。

最初，這種攝影機很笨重，現在已經能壓縮到網球大小，可以由無人機或者自走腳架車送到危險的地方，比如懸

崖、溶洞、火山口之類的地方，同時為眾多使用者提供線上全景體驗。它充分發揮了體驗性和互動性這兩種虛擬實境技術的優勢。

　　這樣，未來就需要一批 VR 導遊。他們的任務是操控全景攝影機對某些場景進行拍攝，並提供解說旁白，相當於有技術在身的旅遊主播。某些冷門旅遊項目，或者新開張的旅遊景點，還可以用這種技術提升人氣。這種不用背包、不用舉旗的導遊，會成為一種新型職業。

03 機電藝術家

　　如今在大型慶典、晚會或者商業活動中，少不了「空域造景」表演。成百上千架無人機編成隊，在夜空中組成各種文字或圖形，形成如夢似幻的宏大景觀。這種新式表演屬於廣義上的機電藝術，也就是用機械電子裝置呈現視覺效果的藝術。

　　最早的機電藝術來自於裝置藝術，在 1960 年代。當時，藝術家拿來人們日常生活中的物品，通常是工業製品，把它們重新擺放，形成某種意義，或者渲染某種氣氛。裝置藝術一般在室內布置，觀眾要置身其中實地感受。

　　後來，裝置藝術家不再滿足於靜態展示這些物品，就為它們加上簡單的電子機械裝備，讓它們動起來。再後來，裝置藝術家乾脆不用日常物品，全部展示品都由自己設計和製造。3D、水幕等新技術出現後，也迅速被裝置藝術家拿來運用。

　　現在的裝置藝術已經發展出不亞於科技展覽會的複雜設備，只不過它的宗旨不是介紹科技知識，而是某種藝術主題。裝置藝術家除了有藝術素養，還要像工程師一樣做電子和機械的設計，以確保展示作品能按照他們要求的方式活動起來。觀眾進入這樣的裝置藝術展廳，就像進入幻境一般。

　　裝置藝術屬於高階的藝術創造，需要一定程度的藝術修養才能欣賞。LED 燈光秀則完全平民化，它就是要讓市民欣賞的活動景觀。LED 燈光秀的歷史不超過十年，因為只有在這十年間，高樓建築的外牆才普遍鋪設 LED。在日常時間裡，這些 LED 外牆由廣告公司租用，播放商品廣告。遇到節目或者慶典，LED 外牆會播放專門製作的景觀。

　　特別是商業區裡相鄰的高層建築，平日裡 LED 外牆上的內容自成一體，節日慶典時則會合併使用，在幾百公尺甚至 1,000 公尺範圍內形成巨大的統一效果。而設計 LED 燈光秀，也成為一項專業技術。

　　無人機空域造景誕生得更晚，因為必須等待無人機編隊技術成熟後才能形成。透過電腦讓很多架無人機編隊飛行，這種技術最近才出現，但是其發展突飛猛進，現在已經能組成 5,000 架無人機的超大編隊。夜色下的空域造景已經出現在越來越多的城市裡。

　　所有這些機電藝術都有共同點。它們不能收藏，只能短期展示。設計和製作費用都不菲，一場裝置藝術展要花上百萬元，一次上千架無人機的空域造景也要花上百萬元。

　　最重要的是，從事機電藝術的人必須既懂藝術，也懂科技，是文理雙全的全才。你願意投身這個行業嗎？

04　電子競技經營專員

　　在今天，「打電玩」已經不算新職業了。國際上有電子競技比賽。一些大學還開設了電子競技專業，有些地方還在打造「電競小鎮」，吸引職業玩家入駐。

　　不過，這裡提到的「電子競技經營專員」還不是人們熟悉的職業玩家，而是這個行業的幕後人士。他們主要負責團隊建設、管理、商業開發、宣傳包裝等。

　　大眾所熟悉的美國職業籃球聯賽（NBA）等賽事，一線運動員只有數百人，圍繞著他們從事各種服務和商業開發的則有數萬人。電子競技經營專員和職業選手之間的關係與此類似。

　　最初，無論職業玩家還是營運者，都是自學成才，憑興趣和經驗在這個行業裡堅持開發。今後，電子競技經營專員也要接受職業培訓，學習通用的康樂體育商業開發技能。他們當中的首創者，今後也是這個行業的導師。

　　與電子競技員相比，電子競技經營專員並不那麼風光，更不是輿論的焦點。他們需要寫策劃文案，一家一家去談贊助，擬定並管理合約，還要維修競技場地。不過，像歌手、影星或者職業運動員一樣，公眾人物的背後都要有一群人默默奉獻，才能撐起整個行業。在職業玩家背後，站著的就是

這批電子競技經營專員。

電子競技產生的時間很晚。不過，大概 89% 的電子競技經營專員的收入超過當地平均薪資，最多的達到 3 倍以上。今天，電子競技經營專員已經是一個正規職業，而不只是興趣愛好。

一般人會把電子遊戲行業和電子競技行業搞混。前者是普通人玩遊戲。在遊戲儲值市場，美國有將近 200 億美元投入，中國也有超過 1,000 億人民幣投入，體量差不多。

電子遊戲相當於牛奶，電子競技則相當於牛奶上面那層薄薄的油，在全球市場投入剛超過 10 億美元，電子競技員和經營專員的收入都來自其中。不過，電子遊戲也是典型的「粉絲」經濟。只有「粉絲」數量龐大，電子競技行業才能盈利並成長。

現在，這個行業已經進入高速成長期，而對於電子競技經營專員，最近五年就有 150 萬個左右的職位缺口。

05 科學傳播者

筆者經常接受邀請參與講座。主辦方經常會提到一個問題：「怎麼介紹你的學術頭銜？」

對別人來說很簡單的事，到了我這裡就很為難。我有教育學學士文憑，但是基本上沒教過書，長期靠寫作生活。如果把我介紹成「知名作家」，又總會有人拿著自己寫的詩請我「指點」。我表示對此一竅不通，對方也很納悶，不懂詩詞歌賦的人也算作家？

有一次，主辦方在黑板上把我介紹為「科幻學教授」。我趕緊要他們擦掉，因為我既不是教授，對「科幻」的了解也不算專業，這麼寫等於偽造學歷。

直到不久前，我發現一個職業稱呼，與我這些年做的事最接近，叫做「科學傳播專家」。

「科學傳播」是從科學普及的概念發展而來的，它以向大眾傳播科學、培養科學精神為己任。不過，它與傳統科普相比更傾向於文化。在這些正式職稱出現前，就有不少人接受專業科學教育後，並沒有從事科學研究，而是自發地投身於科學傳播。臺灣科技媒體中心、泛科學、數位時代等，都是民間的科學傳播組織。

在臺灣，有一群人以科學傳播為收入來源。他們開發科

學遊戲、舉辦科學展覽、交易科學教育片的版權、出版科學圖書，或者在電視臺充任科學顧問。他們從事的領域其實是屬於文化業，操作流程也與其他出版、影視、展覽行業相似，只不過是以科學為內容。

如今，數位時代、泛科學等都獲得了風險投資，這顯示出資本對科學傳播市場的青睞。而隨著這個市場的擴大，對科學傳播人才也會有強大的需求。

現在，已有大學設置科學傳播科系。社會上的科學傳播公司多從各行各業裡招收有志於科學傳播的人才。但這只是過渡階段，未來一定會有專門的科學傳播人才培訓機構。

成為科學傳播者，對專業知識並沒有太高的要求。這個圈子裡既有物理專業畢業生，也有認知神經科學，或者英語系畢業生。筆者就創作過天文學、氣象學、海洋學、考古學、航太科技內容的科普作品。有些還是由專業機構發起，由作者創作的。一般情況下，他們會邀請專家顧問，以向作者提供專業知識。如果沒有條件，作者也會透過相關論文、專著了解這些專業知識的現狀。

科學傳播和廣義的傳播專業一樣，需要掌握多種傳播形式，如何出版，如何做影視，如何辦展覽……同時，科學傳播者還要掌握民眾心理，知道大眾對所傳播的內容抱持著什麼態度。在這一點上，科學傳播者更接近廣告商人，只不過推銷的內容是科學。

　　不當科學家，改當科學傳播者？是的，只要是社會有需求的行業，都會有前景。

06 情緒音樂師

　　所有的藝術形式都要調動人的情緒，但以音樂最為直接。未來會出現一批完全從情緒角度使用音樂作品的人，他們被稱為情緒音樂師。

　　從敲打戰鼓和吹奏工作號角開始，人類發明音樂，就是為了直接刺激情緒。但直到心理學產生後，人類才開始從科學的角度研究情緒與音樂的關係，並做了不少有趣的研究。

　　置身於客觀環境裡，人類會產生各種自然情緒，但音樂卻是人為製造的。如果專門譜寫一首曲子讓人噁心或者憤怒，理論上並不是不可以，但恐怕流行不了。所以，能夠傳承的音樂主要都是提升人類積極、愉快的情緒的。曾有專家用腦成像技術對此進行了系統研究，發現古典音樂能夠刺激腦部的犒賞系統，並激發快樂的體驗感。

　　音樂對情緒的影響能跨越文化。2009 年，有德國團隊深入非洲原始部落，找到一些從未接觸西方文化的人，讓他們聽西方古典音樂，發現他們都能夠辨認出樂曲中的快樂、恐懼和憂傷。

　　在心理學界，諮商師是最早使用音樂素材的。1944 年，美國密西根州立大學第一次把音樂治療設立為學科，迄今已經發展成熟。

　　不過，音樂治療主要是處理壓力超載問題，所以會選擇讓人放鬆的音樂。如果有條件的話，還要配上安靜的環境。但是，音樂並非只有這一種正面功能。以進行曲為代表的音樂反而能提升緊張感，促使人奮進。它們更多地運用於教育和軍事訓練環境裡，以激發聽眾的工作動力。而在葬禮這類環境中，又需要哀而不傷的音樂，既能讓參加者寄託哀思，又不能過度悲傷。

　　音樂家的「任務」是創作能流傳的歌曲。他們能意識到音樂對情緒有作用，但只是憑藉個人經驗調整兩者的關係。情緒音樂師則不同，他們的主要工作是分析各種音樂產品，研究它們對人類情緒究竟有什麼影響。

　　音樂創作屬於個體創作，音樂家憑藉創作靈感完成。情緒音樂師則需要團隊配合。他們有可能既接受過音樂訓練，又接受過心理學教育。也有可能分別由這兩個專業培訓出來，但受聘於同一家情緒音樂公司。這些人要從男女老幼各種族群裡選擇受試者，一邊播放音樂，一邊用心理學儀器測試他們的情緒反應，並歸納出能提升不同情緒的音樂。

　　情緒音樂產業的服務對象很廣泛，展覽、慶典、私人儀式等，這些都需要與環境配合的音樂，而且需要讓音樂參與整體設計。情緒音樂師通常不用親自演奏，但也不排除親自上場的可能。

07　沉浸式藝術家

在美劇《西方極樂園》裡，玩家能進入模擬的美國傳統西部小鎮，與機器人接待員激烈互動。這部美劇除了改編自 1970 年代同名科幻片之外，還借鑑了最近流行的沉浸式表演。這部美劇就是一場規模超大、永不停止的沉浸式演出。

自古以來，戲劇表演者就希望觀眾越沉浸於其中越好。但是限於技術和經濟條件，只能採用舞臺表演的方式。觀眾進場後，無論燈光和布景多麼複雜，始終知道自己是坐在觀眾席上看表演。沉浸式表演則完全突破舞臺和觀眾席的分隔，把觀眾請到布景裡面，和演員一起活動。

要達到這個效果，沉浸式表演就無法在傳統劇場裡進行。甘肅敦煌市為了《又見敦煌》這部沉浸式戲劇，建設了專門的劇場。在類似體育館的空間裡，幾年來只表演這一齣戲。國外有的沉浸式戲劇為了達到預期效果，設計人員會包下一棟樓，將其裡裡外外裝修成故事所需要的背景。著名的沉浸式戲劇《無眠夜》在上海上演，就是改造了一棟飯店作為場景。還有一些沉浸式戲劇的場景用租來的巨大舊廠房搭建，設計人員會將其內部完全改造。

傳統戲劇都是由劇團租用劇場，表演若干場次就離開，並不會改造劇場本身。沉浸式戲劇因為要投入大量金錢改造

整個建築，一般來說不會只演幾場，而是長年累月地演下去，比如《彼得潘光影冒險》在國外就演出了 20 多年。這樣一來，沉浸式戲劇場地會售賣多種周邊產品，發展成旅遊目的地。

沉浸式戲劇的出現依賴於舞臺技術的提高。將大量影片和音響技術運用於人造空間，才能製造出沉浸式效果。沉浸式戲劇對道具的要求也很高。如果觀眾遠在觀眾席上看表演，道具背景不必做得很認真，甚至可以使用屏風等假定性道具。而沉浸式戲劇則大量使用真品，茶杯裡的茶水甚至可以喝，每場表演都會產生相當數量的耗材。所以，沉浸式戲劇的成本高昂，價格不菲。

沉浸式戲劇的普及與大量沉浸式遊戲的流行有很強的相關性。像密室逃脫、狼人殺、劇本殺之類的遊戲，雖然空間小，但也講究沉浸效果。年輕觀眾從小接受沉浸式遊戲的玩法，也容易成為大型沉浸式戲劇的愛好者。

沉浸式戲劇的形式剛從國外引進不久，一些專案在臺灣還處在嘗試階段。有些劇組把精力用在新技術的運用上，試圖透過「驚奇連連」的效果吸引觀眾，劇情上則比傳統戲劇差得多。

但是很快，觀眾對於沉浸式表演的需求就會從「追求新鮮感」發生轉變。隨著觀眾欣賞水準的提高，沉浸式戲劇也會更新換代，有望變成主流戲劇形式。

　　沉浸式戲劇的推廣需要大量的新型演員。他們不僅要背臺詞，還要與觀眾互動。除此之外，他們還要學會調節氣氛。由於他們就站在觀眾身邊，所以表演難度比舞臺上演員的表演難度大。

　　同時，從編劇、導演，再到布景、燈光等各個環節，沉浸式戲劇都不同於傳統戲劇。未來會出現一個完整的沉浸式戲劇劇團。當然，他們也需要全新的技能和訓練。

08 「網靈」維護員

　　過去，記錄資訊要用竹簡、絲帛、紙等載體，除了極少數的名人，普通死者的生平皆被埋沒，活著的親屬只能靠回憶來紀念他們。天長日久，當這些親屬也去世後，先人的日常事蹟就會陸續湮滅。

　　印刷術普及後，傳記成為紀念死者的主要形式。這些年，不乏有人以自費出書的形式紀念死去的親屬，讓某些普通人的生平也能留下印記。但是，畢竟仍只有少數人在使用這種形式。

　　網路技術徹底改變了這種局面。早在十幾年前就誕生了專業的祭奠網站。人們可以為某位死者單獨開設網頁，擺放照片和祭文，定期發起線上紀念活動。但是，早期祭奠網站的資訊幾乎都由家屬提供。

　　如今很多人會在網路上留下數位資訊，包括影片、錄音、照片、留言、po 文，甚至「按讚」。有些人使用 IG 或者其他社群軟體後，會留下很多資訊，包括大量的生平事件。

　　依靠大數據技術，可以把某人的網路足跡匯總起來。未來的祭奠網站會幫助死者家屬收集死者生前留下的網路足跡。如果家屬有需要，公司服務人員還可以登門拜訪，聽親朋好友講述死者生平，包括逸聞趣事、興趣愛好、生活習慣

等。總之，可以收集死者留在現實世界中，但生前沒來得及轉成數位資訊的資料。

有些家屬只能口述死者生平，提供照片和實物。而祭奠網站專業服務員的工作，就是把收集的資料做紀錄並整理存檔。

如今，電腦動畫（CG）技術已經發展得爐火純青，技術人員完全可以參照死者生前的影像資料，製作一個活動的虛擬形象，並讓它講述收集整理好的資訊。甚至，這個虛擬形象還可以跟人做簡單互動。比如：按照死者的習慣對某些事件做出評價。

如此一來，死者相當於活在虛擬世界中。當然，這些都需要技術維護。家屬需要繳納一定的年費，才能保證死者「生存」在網路中。不過，這種方式將會改變以往的喪葬習慣。很多人認為，與其花很多錢舉辦風光葬禮，不如花更少的錢，讓死者在網路中長期存在下去。

平時如有需要，家屬只要打開手機或電腦，登陸祭奠網站，就能與死去的親人「相聚」。從社會科學研究者和歷史科學研究者的角度考慮，如果網路上保存了幾百萬、幾千萬的個人生平，也會有利於他們的研究。

未來，線上追悼會成為一種常態，而且需要一大批「網靈」維護員從事日常服務。

09 互動小說創作者

　　劉慈欣是中國著名的科幻作家,《流浪地球》和《鄉村教師》是他的短篇代表作,它們的英文版本已經由中文線上公司推出。然而,英文讀者閱讀的不是原文,而是這些作品的互動小說版本,讀者可以選擇不同的角色參與情節。

　　作者主動地寫,讀者被動地看,小說歷來都是這樣。但是互動小說打破了這個模式,讀者可以在不同結局裡進行選擇。

　　1944 年,阿根廷作家博爾赫斯創作了《小徑分岔的花園》,這個故事有兩個結局,如果使用傳統閱讀方式,讀者會感覺十分困惑。這是互動小說的開端。

　　1960 年代,歐洲一些純文學作家認為這種迷離的敘事結構很具實驗性,於是開始大量嘗試創作分歧式小說。不久之後,美國商業作家看到了其中的商機,開始為年輕讀者編寫互動式的童書,湧現出《外星領地》、《幸運的蕾絲》、《追蹤者》等作品。1979 年,美國推出了小說《選擇你的冒險歷程》系列,被譯成 25 種語言,是當年互動小說的一個高峰。

　　2018 年,Netflix 出品的科幻片《黑鏡:潘達斯奈基》就反映了這段歷史。影片背景設置在 1984 年,一個電腦程式

設計師把奇幻小說改成遊戲，進而迷失在虛擬和現實的交錯中，這個程式設計師改編的就是互動小說。

互動小說最大的特點是沿著不同路徑閱讀，會發現是完全不同的故事。不過，由於電腦和網路尚未普及，早期互動小說和普通小說一樣，都被印成了紙本書的形式，只是在章節末尾處標明「可翻到 ×× 頁閱讀」。這種方式令讀者閱讀起來很不方便，所以互動小說並未普及。另外，由於閱讀的形式變複雜，內容就得簡化才行，否則真會把讀者弄得暈頭轉向。所以，早期的互動小說多為童話。

網路時代開啟後，互動小說出現更大的商機。它可以加上畫面、音樂，從而更像簡單的遊戲，但以閱讀為消費的主要過程。於是，這些小說變成了「敘事遊戲」，進而發展為角色扮演的沉浸式閱讀產品。

到此為止，仍然是作者創作，讀者只能閱讀。接下來的發展就是讓讀者也進入創作，類似於大家一起寫接龍故事，看誰的故事更受歡迎。至此，讀者和作家的界限開始模糊。舉例來說，中國的橙光網站開發了程式工具，大批網友在上面共寫同一個故事，其中的優秀作品可以獲得獎金。

於是，我們熟悉的網路小說可能會成為過去，大家一起寫接龍故事才是未來。而在這樣的集體創作中，單獨靠一個人打字已經很困難了。未來，互動小說的作者可能是一個團隊，有人寫文字，有人設計圖案，有人譜曲，大家共同圍著

一個背景創作下去。

　　總之，大家共同創造文字世界，會取代作家一個人創造
文字世界的現狀，成為未來文學的重要形式。

<u>10</u> 意念運動員

「心想事成」的意思是心中想要的都能圓滿達到，多用於祝福他人。如今，心想事成可以成為現實。當然，前提是有一門技術，以讓內心的想法直接轉化為物質影響力，這就是人機介面技術。

最簡單的人機介面，就是用人腦直接控制電腦。在美國加州大學洛杉磯分校教授弗萊德的實驗中，被試驗的大腦與電腦相連，操控電腦放大自己選中的照片，或者刪除不需要的照片。實驗證明，僅使用四個腦細胞就能完成這個任務。

如今，電腦已經能控制從核電站到冰箱的各種設備。所以，如果人腦能控制電腦，再加上外部設備，就可以直接影響物質世界。早期，研究人員把猴子作為實驗對象，牠們就能用腦直接控制機械手。

製成人機介面是一種侵入式技術，多少會對頭部造成損傷。所以，當它運用於人類時，主要的用途是恢復殘疾人的功能。比如用人工耳蝸恢復聽覺，用電子眼恢復視覺，都需要把它們連神經系統。

接下來，人機介面可以用於機械義肢。在《星際大戰》裡面，維達和盧克父子都有一隻機械假手來揮舞光劍。現實中，這類機械義肢已經進入實驗階段。

在《駭客任務》中，人們都要往脊椎裡插入電極，那是對侵入式人機介面的誇張描寫。不過，腦磁波儀技術與核磁共振成像技術已經實現了非侵入式人機介面的設想。也就是說，不用再把什麼設備插入身體，只要你集中精力思考，便有一個儀器能捕捉到你的念頭，並輸出到外部設備中。在一項研究中，人體已經可以用這種技術控制機械臂。

當然，無論是腦磁波儀技術還是核磁共振成像技術，都需要體積龐大的設備，使用者不能隨身攜帶。而且這種「腦部控制」存在延遲，有時甚至長達 7 秒，完全不實用。不過，只要有需求，技術便會迅速地提高。相信很快，殘障者就可以用電子眼看世界，或是操縱機械腿上下樓梯……他們能夠重新融入生活。

每當夏季奧運會之後，會舉辦帕拉林匹克運動會，運動會上的身障人士分組比賽。然而，未來的人機介面可以解決一切殘疾問題。於是，便會出現一種稱為「意念奧運會」的比賽類型，參賽者透過人機介面完成帕拉林匹克運動會上的所有項目。

有「刀鋒戰士」之稱的南非身障人士皮斯托利斯（Pistorius）憑藉著一雙碳纖維義肢，參加 2012 年倫敦奧運會並獲得成績。而世界田徑總會的研究顯示，這雙義肢讓他比正常選手少支出 25% 左右的體能。

未來，透過意念控制機械義肢的運動員有可能打破健全

人士的世界紀錄。比如，他們會用機械臂舉起正常人無法舉起的重量。

　　一場意念運動會將是展示這類技術的最好平臺。大家不妨關注人機介面技術，看看它會創造哪些奇蹟。

11 高危職業 —— 影視演員

　　以後可能不需要類似《演員的修養》這種教材了，因為CG 會讓演員這個行業徹底消失。CG 是 computer graphics（電腦圖像）的縮寫，在 1970 年代被發明，最初用於工程設計。由於它普遍應用於影視業，所以現在人們習慣用「CG」來稱呼電腦動畫行業。

　　20 多年前，《魔鬼終結者 2》就展現了 CG 在電影中的表現力；到了《侏羅紀公園》，演員已經能和虛擬恐龍融合；在《阿甘正傳》中，CG 可以讓演員出現在他不在場的畫面裡。

　　1997 年，《玩具總動員》開創了全數位電影時代。當然，這部電影裡面沒有真人演員。2002 年出現了第一部真人出演的純數位電影，就是《星際大戰二部曲：複製人全面進攻》。從此，在演員身邊可以植入各種虛擬背景。只有你想不到，沒有做不到的。

　　另一項技術也穿插進來，那就是動作捕捉。這種技術不僅可以捕捉全身動作，還可以捕捉面部表情。最初，這種技術用於塑造非人類角色，比如金剛、尤達大師、咕嚕、納美人。然而，既然虛擬角色被塑造得惟妙惟肖，為什麼不直接製作真人角色呢？這其中有個「恐怖谷」理論限制著 CG 朝這方面發展。

　　1970 年，日本機器人專家森政弘認為，設計的模擬物（如機器人、玩偶等）如果有點像人，會令大家覺得可愛。但如果相似度超過 95％而又沒達到 100％，那一點點差異便會讓人覺得可怕。比如，洋娃娃如果做得逼真過於像人，小孩子反而會不喜歡。

　　有些 CG 專家不信服，他們利用 CG 加上臉部動態捕捉技術，製造出非常逼真的角色。電影《最終幻想》、《貝武夫》和《爵跡》都試圖跨越「恐怖谷」理論，結果它們在票房上慘敗。這些電影裡的角色越像真人，觀眾反而越會放大那一點點不像人的地方。所以，現在即使有更好的技術應用於電影產業，也仍然會讓虛擬角色不那麼像人。

　　不過，另一種需求很可能會讓製片人邁過最後那 5％，那就是明星的高片酬。當然，製作虛擬演員也得花一筆錢，但是做出來之後就是零片酬。

　　在《與森林共舞》裡面，小男孩毛克利周圍所有動植物和背景都是虛擬的，如果再把這唯一的活人換掉，那不就是全虛擬的「真人」電影嗎？

　　如果觀眾不接受陌生的 CG 人，還可以使用經過授權的演員的相貌。未來，真人演員將只能參加綜藝節目或者劇場演出。

12 高危職業 —— 主播

1970 年代，電視機進入普通家庭。當時電視只有幾個頻道，主播的人數也很少。之後，在相當長的時間裡，主播的影響力超過了影視明星。

不過，這個風光了 40 多年的職業在未來可能會消失。以中國為例，2018 年 11 月 7 日，搜狗公司與新華通訊社在第五屆世界互聯網大會上，聯合發布了全球首個男性 AI 主播。第二年，他們又推出了女性主播「雅妮」。AI 主播「雅妮」，實際是在採集少量的真人主播李雅妮的形象及語音素材後，經由系統自動學習、訓練、形象模擬出來的。

2020 年，搜狗公司又為新華社推出了「新小微」。它採用了新華社記者趙琬微的形象資訊加工而成的，並於 5 月 21 日正式上線。

以上例子裡面，AI 代替的都是主播。主播如果讀錯了稿子會被認為是播音事故；而相較於真人，AI 主播基本不會犯錯。

所以，合成主播主要靠的是 CG 技術，要能夠一舉跨過「恐怖谷」，也就是與真人相似到不讓人感到毛骨悚然的程度。

這些 AI 主播出現前，有主播就對自己的行業前景發出

感慨：我們除了報幕和讀稿，還能做什麼……其實主播並非只能報幕和讀稿，而是要在節目中隨機應變，考驗期知識和能力。

更為靈活的節目主持人就不會被取代嗎？最近，一些網路平臺做了這種嘗試。愛奇藝在「我是唱作人」中使用了 AI 主持人，名叫「製作人 C」，其作用為評價新創作的歌詞。直播中，它以虛擬的熊貓造型出鏡。

出乎意料的是，觀眾對「製作人 C」的反應很不錯，因為它不像某些人類主持人那麼愛搶戲。「我是唱作人」是一檔競賽類節目，觀眾更希望主持人有客觀、理性的風格。人類在這方面很難與 AI 主持人相比。

日本人於 2007 年開發出虛擬歌手「初音未來」。經過不斷的技術升級，它是世界上第一個使用全像投影技術舉辦演唱會的虛擬偶像。試想，虛擬主持人走到戶外的時間還會遠嗎？

13 高危職業 —— 網路文學作者

網路文學眼下不是很熱門嗎？怎麼也會瀕臨消失呢？先聽我從它的源頭講起。

30 年前，網路文學開始於已開發國家。最早的中文網路文學也是一批在美國的留學生發起的。1991 年，他們創辦了網路雜誌《華夏文摘》，其中收錄有短篇小說〈鼠類文明〉，是有據可查的第一篇網路小說。

當時的網路技術很原始，使用中文的網友只有幾萬人，寫網路文學沒有收入。所以，那時候的網路文學和傳統文學完全一樣。人們大多寫詩歌、散文、短篇小說之類，共同特點就是短。既然不賺錢，只是憑興趣愛好來寫的，誰會寫長篇大論？這些作品一般發表在論壇上，會有人收集起來編成電子雜誌，其過程和傳統雜誌的編選過程差不多。

當然，也不排除在沒有收入的前提下，有人能像曹雪芹那樣寫很長的文章。臺灣作者蔡智恆寫了一部言情小說，名叫《第一次的親密接觸》，後來被出版商相中，成為從網路文學中走出來的第一部暢銷書。

之後好幾年，先在網路上宣傳，再由傳統出版社出版，是網路文學作者得到稿費的唯一管道。我的第一部長篇於 1999 年創作完成。作品原本計劃要正式出版，因為資金不

夠，只好放到一個叫「書路」的文學網站上，結果三個星期後就有出版社打來電話，表示願意出版。

那時候，文學網站都是透過收集網路文章提升點閱率，然後置入廣告賺錢。這樣的文學網站後來基本上都消失了。有位朋友曾創辦了一個網站，免費把我的稿子製作成電子書，當時覺得在電腦上能翻頁，很前衛，但只能免費下載閱讀，網站撐到 2002 年就倒閉了。

至於作者，他們大多更傾向於以紙媒的形式出版作品，事先跟編輯約定好字數，收取稿費。

2002 年，起點中文網創辦了付費閱讀，開創了現在的網路文學時代。讀者付費點閱，網站和作者分帳。網站工作人員說，作家以後不能只顧寫作，還要自我包裝，學習各種增加點閱量的辦法。當時我還沒意識到，這是與傳統寫作完全不同的新世界。

從那時開始的網路文學，最大的特點就是長，而詩歌、散文、短篇小說等形式則不符合這種要求。由於有了獎勵機制，作者經常會日更數千字，很多作品總字數在百萬以上。但從某種程度上講，這違背了創作規律。好作品在寫作前要有生活的累積，在寫作中要反覆謀篇布局，完稿後還會進行多次修改。這種「慢工出細活」的方式不符合網路文學的機制。

而且，網路文學很容易形成寫作模式，比傳統寫作更具

慣用手法，這符合 AI 的操作方式。現今的寫作程式已經能透過閱讀某位作家的作品，模仿其風格撰寫文字，甚至以假亂真。寫作程式不會感到疲勞，能夠同時開展多個「創作坑」，然後逐一填補，這對人類作者來說實在難以匹敵。

我認為網路文學作者即將消失，原因就在於此。

14 高危職業 —— 文字記者

近年來，透過手機閱讀新聞的朋友可能會注意到，新聞 APP 中經常出現一些乏味的快訊，內容多是枯燥的事實陳述，但基本資訊準確無誤。這就是由人工智慧生成的新聞稿。

市民平時談論的話題，以及小說和影視素材，很多都來自記者的報導。不過，只要是文字工作，無不受到人工智慧威脅，文字記者也是一樣。

剛開始，自動新聞不斷地出現在體育賽事報導和財經新聞裡面。這兩類新聞有個共同點，就是都以資料為核心，只要資料準確，報導本身有沒有文采並不重要。並且，兩者都有能夠及時提供資料的部門，前者是賽事主辦方，後者是財經主管部門。

美國聯合通訊社的自動新聞程式會檢索上市公司的年報，並提取各種數據，按照統一的範本生成新聞。每個季度，該程式能生成將近 4,000 篇財經報導，比人工寫稿快 4 倍！

網路公司誕生後，要向傳統媒體購買新聞內容，而後者一直不支持自動生成稿件，仍然使用真人記者。所以，網路公司不僅是這類軟體的使用者，也是它的開發者。國外也有個別獨立公司，專門研製新聞生成軟體，並獲得風險投資。

新聞稿件寫成後，還要過主編這一關，由他決定刊登什

麼，不刊登什麼。這個決策一直是由真人靠經驗來完成的。不過，主編的日子也不好過。據說，《紐約時報》使用了一個名叫「Blossom」的程式來挑選稿子。它能運用大數據，迅速了解讀者需要什麼。由它挑選的文章比其他文章的閱讀量高 38 倍！

而且，這個程式在工作中不摻雜個人利益，24 小時都不休息，哪個主編能與它競爭呢？

細心的讀者會發現，我用的標題是「文字記者」。其實，記者主要的工作不是寫文字，而是尋找新聞線索。這些年記者工作能力的退化，也導致了這個職業的危險。

身為作家，經常會有記者採訪我。最初他們會約談本人，面對面的捕捉新聞線索。後來就改成打電話詢問。再後來，他們會發來問題清單，讓我自己填寫。最近這個流程也沒有了。他們乾脆從網路上搜尋我的資訊，直接寫成報導。以至於總是要有人提醒後，我才知道自己已經被報導了。

如果只是依靠搜尋引擎工作，電腦程式一定是做得更快更好，還不需要領薪水。現在很多傳統媒體都會寫這樣的報導：據網友說，據某網站說。這麼偷懶的話，機器人就在後面「盯」著你的這個位置。

我當然不喜歡看機器生成的報導，我喜歡經過親自調查的，有深度的報導。如果人工智慧接手寫文稿這件事，能讓記者重新走出門看世界，那未嘗不是好事。只會寫文字的記者恐怕做不長久。

15 高危職業 —— 圖書管理員

半個世紀前，科幻作家阿西莫夫寫下一個短篇小說，名叫《他們那時多有趣》（*How Interesting They Were Then*）。在小說中的 2155 年，所有孩子都看電子產品長大。小男孩托米居然發現了一本紙本圖書，於是，大家把它當成老古董來研究。

我是在大學時期看到這篇小說的，當時我就相信，所有與紙本圖書有關的職業早晚都會消失。

印刷業有一項資料，被稱為「年度總印量」，用以衡量全國一年內用於印刷圖書、報紙、期刊等出版物的總紙張數量。計算的單位是「印量」，這個衡量標準保持不變。

1986 年，我讀大學時，年度總印量為 496.8 億。網路時代開啟後，我更有理由相信紙書會消失了。但年度總印量又上升了一段時間，在 2011 年到最高峰，總印量達到 3099.23 億。如果單看圖書出版種類，則是在 2012 年達到最高峰，然後逐年下降。

1999 年，筆者開始在網路上發表文章。那時全國網友只有幾百萬，網路上有用的文字資源幾乎都是從紙本媒體搬來的。當時人們所設想的電子書，就是請作家按傳統方式創作，然後用程式讓它們無法複製，而且必須付費閱讀。

第一部大規模測試的網路小說名叫《騎彈飛行》，由美

國恐怖小說大王史蒂芬‧金創作，當時的下載量為幾十萬次。更多新作者的網路小說都是免費閱讀的，獲得影響力後出版成書。

同時，線上出版開始起步。到如今，已經發展出很多付費形式。網友也擴張到幾億人，電子書有了堅實的閱讀基礎。特別是閱讀硬體從電腦改成手機，螢幕具備了護眼模式，這些都減少了電子閱讀的不適感。

電子媒體的最大優勢就是減少物質消耗。傳統出版消耗的植物資源量，以及為了製作和運輸出版物消耗的燃料量是個天文數字。即便如此，把圖書、報紙、期刊運到窮鄉僻壤，仍然十分困難。而電子媒體只用無重量的訊號就能完成這一切。現在，絕大多數鄉下地方都開通了網際網路，這是在紙媒時代無法完全覆蓋的區域。

不過，近年來有統計顯示，圖書管理員的數量還在增加，原因是圖書館本身的數量在增加。作為公益事業，這幾十年國家在基層建設了大量圖書館。另外，仍有相當多的人還保留著紙本閱讀的習慣。

然而，在某些圖書館門口，已經豎起了自動借閱裝置。它們和快遞收件箱差不多大小，還需要人力將圖書在它們與書庫之間搬來搬去。但是，既然已有物流公司能建成無人倉庫，以類似的軟、硬體建成無人圖書館的那一天，相信也不會太遙遠。

第十一章　與教育有關的職業

—— 數位學習革命：透視虛實交融的教育未來

一代又一代，學生們坐在教室裡讀書，整日和幾十張熟悉的臉孔做伴，這個時代可能快要結束了。將來孩子有可能大部分時間會待在課堂之外，他們能得到的知識和技能反而會多更多。很多新型教育形式會讓他們擁有完全不一樣的童年。

01 新職業培訓專家

　　本書列出的新職業，它們有個共同特點，就是需要接受從業人員培訓。而那些即將消失的舊行業，其從業人員則迫切地需要轉行培訓。所以，新職業培訓工作本身就是一種新興職業，並且可能一直會「高需求」下去。

　　現代社會的分工高度發達，一個人很難終生只做一行，所以幾乎每個人都會面臨職業培訓問題。

　　對已經告別學校教育的成年人進行再培訓，這並非新鮮事。早在 1920 年代，美國由於大規模工業化，需要很多工程技術人員，一些大學就開辦「技術革命培訓班」，為在職人員提供新技術培訓。

　　「繼續教育」這個行業從此形成，1962 年被聯合國教育、科學與文化組織推廣到世界各地。我從事的第一份職業就是教師進修學校的導師，主要負責培訓各學校來的校長和老師。

　　不過在很長一段時間裡，成人教育主要著重於「填補學歷」。教學內容與一般教育相近，通常由普通高等教育機構聘請教師，將成年人集中起來進行課程學習。

　　「新職業培訓專家」的工作則完全不同。首先他們要研究哪些才是新職業，要關注那些剛剛出現又缺乏系統培訓的

職業。和傳統技術學校相比，「新職業培訓」的特點就是新，它要站在時代的前端，甚至未雨綢繆。所以，它更能吸引有職業經歷、敢冒險、想轉行的成年人，而不是只求先得到一份穩定工作的應屆畢業生。

「新職業培訓專家」並非其中某個具體新行業的專家，而是舉辦這類培訓的專家。由於教授的是新職業，一開始沒有固定教材，也沒有系統性的培訓方法，所以「新職業培訓專家」必須會編寫教材、安排課程。因為他們也不是這些新職業裡面的「高手」，所以他們還要熟悉尋找專家的方法。比如「飛手」這一職業，各大學中的博士、教授肯定不擅長，得從有經驗的「飛手」裡面尋找善於表達，熱心傳授的人，所以「新職業培訓專家」還必須有較強的社交能力和一定的人力資源管理知識。

職業培訓涉及實際操作，不能僅停留在教室內進行講授。為了讓學員實際操作，需要考慮所需的設備和消耗的資源。某些職業，例如「高階農務管理員」，在培訓過程中可能需要尋找相應的場地進行實地操作。這些挑戰需要由「新職業培訓專家」親自解決。

在學員方面，新職業培訓專家必須掌握成人心理學、學習心理學等專業知識，了解成人學習時會面臨的具體問題。比如，一名哺乳期婦女接受職業培訓會遇到什麼問題，記憶力下降的中年人接受培訓會遇到什麼問題，諸如此類，新職

　　業培訓專家在設計課程時要懂得綜合考慮。

　　　　總之，新職業培訓專家就像是「職涯轉型導師」，他們
的工作是協助學員實現職業生涯的轉變。

02　線上教師

　　透過網路向分散在各地的學員授課，這在今天已經成為現實。新冠肺炎疫情期間，很多學校和組織只能依靠網路教學，使得網路授課的重要性大大地增加，有資料顯示當時線上教育公司以每天大概 140 家的註冊速度暴增。

　　在將來，線上教育會成為主流教育的形式之一。

　　其實，和疫情期間不得不待在家裡上網路課程的中小學生不同，線上教育的對象主要是成年人。他們知道自己想學什麼，會自己為學習「買單」。所以，線上教育的管理者不必擔心學員的積極性。

　　不過，線上教育所提供的往往不是系統性的專業課，而是技能課，或者琴棋書畫之類與愛好相關的課程。與課堂教師相比，線上教師也需要一定的技能資格認證，但主要是得。大部分這類課程需要線上教師親自畫，親自唱，親自示範。所以，線上教師的資格認證更為靈活多樣。

　　另外，與門檻高但工作穩定的課堂教師相比，線上教育全看市場需求。因為不存在就近入學問題，有些個人的精品課程能賣到全國，比如實踐大學的服裝畫課程。就給了很多有特殊專才的人任教的機會。

　　但是，線上教育的淘汰率非常高。同樣一門課程，學員

們動動滑鼠，就可以滿世界挑選教師。所以，線上教師必須有真才實學才能「牢牢吸引」住學員。

如今，線上教師的主力不是來自教育部門，而是各行業的專業人士。他們有的把線上教師當作第二職業，有的乾脆轉為第一職業。當然，這些人有專業能力，卻未必有教學和溝通能力，所以還需要經過一定的培訓。

大部分職業技能的操作示範需要投入相當多的時間，許多線上課程必須事先錄製，然後將關鍵步驟剪輯成影片播放。有些年輕的線上教師會自己錄製和製作，但由於缺乏專業設備和適當的錄影場所，效果不一定好。

這樣一來，就需要一批熟悉電腦的工作人員，還有一批並不露面，只是負責線上推廣課程、線上招收學員的工作人員。現在把這個行業的從業者統稱為「線上學習服務師」，可能也有這個考慮，因為他們中很多人並不會出現在直播裡。

線上教師與線上教育平臺之間的關係相當靈活。有些人被聘用在一個平臺上，成為該平臺的專職教師。有些人則同時在幾個平臺上任教，成為「講課自由業者」。

線上教育拓寬了人們的學習領域。如果把課程當成商品的話，只提供十幾種課程的傳統學校就像是市場上的小攤販，而線上教育則變成了超市。

03 行為教師

　　20 世紀初，美國心理學家約翰・華生（John Broadus Watson）提出「行為科學」的概念，從此形成了心理學中的「行為主義派」。行為主義派著重觀察人類的外顯行為，而不是內心感受。

　　除去理論，行為主義派主要實踐的就是行為矯正。除了針對罪犯的行為矯正，也要改正兒童的不良習慣，比如咬指甲、挖鼻孔之類的習慣。

　　行為主義心理學曾經構建了宏大的理論體系，然而在實踐中卻只有這些「雞毛蒜皮」的小事。孩子們身上的一些習慣即使不接受矯正，成年後大部分也會消失。這類行為矯正從未在學校裡普及，最近更被冷落在一邊。

　　隨著時代發展，新技術又讓低谷中的行為矯正萌發生機，不過這一次，它不僅僅是矯正個別壞習慣，而是要從整體上訓練兒童與青少年的生活方式。

　　想當年，只要老師離開教室，裡面的學生就會鬧翻天。如今，監視器進入校園，有些學校會在教室裡安裝幾個攝影機，從不同角度進行監控。學生知道自己處於監控之下，言談舉止就遠比當年更加自律了。對一些稍微大一點的孩子，利用大數據技術還可以記錄他們的網路足跡。

綜合以上這些技術，教育機構有條件全面地收集學生的行為資料，行為訓練才真正被列入計畫。雖然德育一直排在智育之前，但如果不與行為訓練結合，便不能落實於實際行動中。

學生的行為訓練內容十分豐富，包括培養良好的個人生活習慣，穿衣、吃飯，甚至正確地使用餐具，都是需要訓練的內容。

在物質豐富的商業社會裡，學生還要學會抵制商業誘惑，在衣、食、住、行等方面的選擇要符合健康要求。日本在亞洲最早推廣「食育」，目的是讓學生學會選擇健康的食物，而不是有添加劑的垃圾食品，還教學生如何處理食材。這就是行為教育的例子。

每個人是自身健康的首要負責人，這種理念以及伴隨而來的好習慣，要在兒童青少年時期養成才會受益終身。比如，抽菸、喝酒這些壞習慣在某些學生族群中互相傳播，一旦形成就非常難戒除。如何抵制這些不良習慣，也是行為教育的內容。

學校有責任對來自不同家庭文化背景的學生進行整合教育。比如，與陌生人交流有哪些技巧，學習生活中的禮節，走路時不踩「導盲磚」，搭乘扶梯要站在右側等等，這些都是行為教育的一部分。

學生還要學會辨別和抵制人際歧視。主要表現為國籍歧

視和城鄉歧視。有些家長可能有這類壞習慣,並表現在口頭上和交流中,而行為教師會讓學生遠離這些惡習。

行為教育是人對人的工作。在過去相當長的時期中,教師只是忙於課堂教學,對學生的行為教育只是口頭上講,並沒有精力去認真做。未來,行為教育會成為學校教育的主要內容,並且需要大量的專職教師。

04 研究學習導師

　　孔子被稱為「萬世師表」，是教師行業的祖師爺。不過他老人家並沒有在教室裡講課，而是帶著弟子們周遊列國。若干年後，學生可能也會隨著老師外出遊歷，並在旅行中學習，帶隊的老師就叫研究學習導師。

　　教師帶學生進入一個特殊環境，讓學生自己發現問題，並透過研究來解決問題，從而獲得知識。現代學校產生以前，基本上所有兒童都是這樣獲得知識。他們跟在父母或者師傅身邊，在工作中學習。

　　當時，只有百分之幾的兒童才接受學校教育，在課堂裡讀書。17 世紀捷克教育家康門紐斯寫出《大教學論》，將「班級授課」形成了定制。工業革命後，各國普遍需要有一定文化知識的工作者，傳統師徒制的學習完成不了這個任務，以課堂教學為主的學校在已開發國家開始普及。

　　從那以後到現在，幾代兒童都在學校裡長大。以至於我們會覺得，兒童在課堂上聽講，回家後寫作業，這些模式天經地義。

　　其實，這只是蒸汽機時代的教學模式。當年的紙張有限，更沒有電子化教學設備，教師在課堂上講解是最主要的知識傳播手段。然而，班級授課制最大的問題也在這裡，

它讓學生失去了主動權，很多孩子因此失去了學習興趣。另外，一個班級幾十人，教師根本沒有能力因材施教。

1940 年代，美國人開始研究教學機器，試圖讓學生抱著機器就能學習，而不再用教師講解。幾十年後，電腦、手機和網路的普及，更讓電子教學成為現實。隨著資訊技術的發展，課堂教學會逐漸讓位給電子化的學習。

古人希望學子要「讀萬卷書，行萬里路」。而知識教學只完成了讀萬卷書的任務。世界這麼大，學生必須要走出去。研究學習就是去各種真實環境體驗人生的一種途徑，以前它被稱為「第二課堂」，以後參與研究學習學生的比例會不斷增加，所花費時間也會與第一課堂持平。學生會把大量時間用於研究學習，並根據自己的興趣愛好外出實踐。

現在，一些相關部門已經推出政策鼓勵研究學習，不少企業也開始進入這個市場。不過，研究學習不等於帶孩子出去玩，而是以體驗課程為主。研究學習導師的任務也不光是講解知識，還要做好團隊管理，回答學生提出的各類問題，其難度比課堂教學還大。

未來，很多教師將轉仁研究學習導師。他們有很強的實作能力和統合能力，主要工作就是帶學生去往國內甚至世界各處研究學習的目標，邊遊歷，邊講解。

也有一些研究學習導師不是教師，他們是其他行業中願意從事研究學習服務的人。比如，科學研究院所會安排專人

　　接待學生，向他們介紹該專業的詳情。這樣一來，到時候會
形成一支龐大的研究學習導師團隊。

05 教學體驗館館員

　　研究學習能讓學生走出課堂，但是考慮到成本，大多數地方只能走馬看花，不能長期實踐。沉浸式教學體驗館則不同，它和學校一樣建在社區，能讓孩子們長時間在裡面實踐。

　　沉浸式教學是讓學生置身於一個近似真實的環境裡，透過身心投入獲得知識，而且獲得的不是書本知識，而是親身體驗。

　　這行的宗師名叫杜威，他是美國哲學家兼教育改革家。他在 20 世紀初提出「從做中學」的口號，認為學校課堂會把孩子變成書呆子，提倡實踐才能出真知。該怎麼做呢？就是在學校裡設立實驗室，開工廠，開農場，甚至開銀行，成立法庭。總之，讓學生體驗美國社會的基本生產生活過程。

　　這個初衷很好。但是要在學校裡設置這些東西，比坐在教室裡講課貴得多了，當時的美國也承受不起。到了 1950 年代，「從做中學」就只剩下科學實驗，條件好的學校則可以自行設計實驗室。

　　從 1990 年代開始，一些大城市紛紛擴建科技館。新式科技館都設置了互動內容，但是大部分的內容仍以參觀為主。不過，只要是辦展覽，就希望觀眾能夠獲得全方位感受，所

以場館裡面的聲光技術運用得越來越高級，裝修也越來越整體化。很多場館參觀者一進去，就會置身於一個逼真的空間。

這都是沉浸式教學館的起點。未來的沉浸式教學館應該是這樣的場所，場館裡面是一個虛擬空間，可能是虛擬的煉鋼廠，虛擬的航太指揮中心，或者虛擬的法庭。裡面有真實的生產工具，供學生操作。當然，用具是經過選擇的，會避免造成傷害。還可以透過立體投影和視覺增強技術，將無法放到現場的實物投射在環境裡。

這樣一來，學生再次回到杜威設想的環境裡，體驗社會生活的各個方面，既可以操作實物，也可以透過互動遊戲的方式學習。

但是，要讓這一代孩子都在沉浸式教學館裡接受教育，那得建多少新場館呀？

其實，隨著工業生產技術的提升，很多舊廠房已經失去作用了。除了拆除之外，很多舊廠房被改建成藝術園區或旅遊景點，但旅遊業能「消化」的舊廠房畢竟有限。很多廠房動輒幾百坪，筆者認為改造成給當地學生使用的互動教學館更為有利。

還有，隨著電商的發展，大量商業中心被閒置。商場內很多店面租給了小型教育公司，而在某些大商場裡面，整層空間都租給了小型教育公司了。孩子們在裡面做科學實驗、

練書法、學攝影，這已經是沉浸式教學館的雛形了。

　　而且隨著人口絕對數量的下降，住房需求也在下降，很多樣品屋面臨長期的空置。現在，有不少小型沉浸式遊戲企業紛紛租用民居，改裝後開始營運，說明民居也可以變成互動式體驗館。

　　到那時，這些教學體驗館館員就是新型教師的一部分。星羅棋布的沉浸式教學體驗館需要多少館員呢？你盡可以大膽地猜測。

06 科學見證課籌備者

2013 年 6 月 20 日上午 10 點，太空人王亞平在「天宮一號」太空站裡面講了一堂實驗課。中國的教育部門當時安排了 6,000 萬學生聽講。很多學生事後回憶說，那是少見的沒人交頭接耳的一堂課。

在此之前，美國國家航空暨太空總署也給孩子們開過類似的課。他們之所以在太空中講課，是因為只有那裡才有足夠的空間演示失重。幾年來，孩子們再也沒有上過類似的課。而在未來，科學見證課應該成為常規教育內容，和研究學習、沉浸式課堂一起，把學生帶進鮮活的科學實踐當中。

科學見證課需要在全國最先進的科學研究設施裡面講課。除了太空站，還可以是南極站、北極站、東方超環、500 米口徑球面無線電望遠鏡等。

除了這些舉國矚目的科學研究設備和工程成果，一個縣市範圍內有影響力的科技成果也可以進入當地科學見證課的範疇。授課內容可以結合教材設計，一定要讓孩子們看到先進的科學研究設施或者工程成就，知道科技的尖端技術在哪裡，才能設想未來他們要做什麼，而不是只盯著書本上的知識。

未來，科學見證課的內容會擴大，頻率也會相應增加，

最終達到每週一次。這時也會考驗整個通訊系統。王亞平授課 51 分鐘，在此期間，「天宮一號」繞了地球大半圈，影片效果始終如一，這背後有一個龐大且強大的團隊提供技術支援。

上科學見證課必須使用電子化教學，所以對教室硬體有所要求。教室能連上網路，才能保證科學見證課的正常進行。

科學見證課的主講人都是專業科學家，教授這種類型的課對他們來說是業餘活動或者公益活動，但對科學見證課的籌備者來說，這是他們常規工作的一部分。這些籌備者隸屬於教育部門，他們要與科學研究部門和生產部門緊密聯絡，篩選科學見證課的對象，設計具體課程內容，並輔助主講人講課，而且他們還要保證網路暢通，硬體就緒。

科學見證課召集人將是一個新興的教育職位。

07 考場管理員

　　從古代的科舉考試開始，就需要將考生在統一的時間集中到一起考試。那時，很多考生在路上要走好多天。會如此完全是因為資訊技術不發達，為了保證公平，不得已而為之。

　　隨著資訊技術的發展，如此興師動眾的場面可能會消失，分布於社區的智慧資訊化考場有望取代統一考場。這樣的智慧化考場平時將實行嚴格的封閉管理，以防止作弊行為。內部配置了大量的終端設備，供考生進行答題。即使是手寫部分，也能夠運用電子筆輸入。考場內部設有監控攝影機，取代了人工監考的角色。考生透過臉部辨識技術進行身分驗證後啟動設備，以確保不會出現代考情況。考試結果將由程式自動評分，完成題目後即可立即獲得成績。

　　這樣一來，考生不必離家很遠就能參加考試。時間高度統一的考試也會分散到每年或每月進行，考生根據自己的學習進度報考具體科目，一次不行還可以再考，避免「一考定終身」的弊端。

　　如果涉及數百萬考生的指定科目考試在目前暫時難以進行資訊化改革，那麼一些小型的專業考試，就可以成為資訊化考試的試驗項目。

　　韓國為了防控疫情，將公務員考試搬到了操場上，以保證考生之間有足夠的安全距離。使用這種方式的原因在於他們不得不使用傳統的考試方法。

　　2020 年 8 月 15 日，首次舉辦的深港澳金融科技師資格考試就使用線上考試，並且投入「雲端監考」。該線上考試為智慧考試提供了很好的示範。為了保證線上考試系統的可靠性，相關工作人員會事先進行模擬測試，而且由於考生從未參加過智慧化測驗，工作人員還得在考前幫助考生熟悉操作流程。

　　然而，這次的測驗仍然使用傳統的試卷形式。不過，透過人工智慧辨識技術，確保參加考試的是考生本人，同時透過攝影鏡頭全程監控筆試過程。如果「雲端監考」人員發現任何異常情況，將在影片中做出標記。在考試結束後，考試委員會將安排專家研究帶有標記的影片，以判斷考生是否存在作弊行為。

　　駕照考試中的筆試科目，同樣為資訊化測驗提供了另一個範例。雖然這類考試依然需要考生前來集中考場，但考生無需使用筆寫，而是直接在電子終端面前作答。這些電子終端會隨機從題庫中選取題目呈現給考生。

　　未來，智慧考場將融合生物辨識技術和電子題庫，考生將能以臉部辨識技術確認身分，就近參加考試。

　　為了公正起見，智慧考場必須由教育主管部門統一設

置，並派專人管理。所以，將會出現一大批專業的考場管理
員。他們不再是學校教師，而是網路技術人員。考場管理員
平時從事系統維護，以及為考生提供諮詢服務，考試時就成
為「雲端監考」。

08　嬰語教師

嬰語？是的，就是「babysign」，是嬰兒與外界交流和表達的方式和途徑。嬰兒在沒有學會成人語言之前，只能靠動作、哭聲等資訊與外界交流，並且，雖然全世界有 2,000 多種語言，但各國孩子的嬰語都差不多。

即使嬰兒初步掌握了幾個詞彙，也不會使用成年人的語法，更不能講出語法結構清晰的長句子，只能「牙牙學語」。這時候的語言行為也屬於嬰語。

自古以來，成年人就知道嬰兒有自己的表達方式，但他們只能靠經驗來摸索，或者從長輩那裡口耳相傳。現代心理學產生後，嬰語成為兒童心理學的一部分。語言相關的活動與電腦運算有著緊密的連繫，因此電腦專家對於嬰兒語言也表現出濃厚的興趣。

2007 年，一個模擬嬰兒思維的程式被開發出來。專家們透過讓它學習英語和日語，以研究嬰兒大腦中那些先天的語言模式。

2016 年，中國的語音辨識公司科大訊飛創造了嬰兒語言識別軟體。這款軟體可以下載到手機上，讓嬰兒與其互動，藉此幫助嬰兒學習語言。軟體能夠將嬰兒的「牙牙學語」翻譯為成人所使用的語言。然而，該軟體僅能識別聲音，而嬰

語中還包含著許多動作與其他因素。

2010 年 10 月，伊利乳品公司組成了母嬰營養研究中心的嬰兒語言專家團隊，推出了首份《嬰語詞彙表》，主要介紹各種嬰兒動作的含義。此外，他們還設計了「嬰兒語言考試」，用來測試年輕父母的知識。

嬰語最初僅指嬰兒先天形成的動作語言，成年人要做的只是去辨識。但是，先天的嬰兒語言通常缺乏系統性，缺乏標準，其意義也相對零散。因此，美國加州大學的研究人員古德溫創立了一套有系統的「寶寶手語」。例如，握緊拳頭代表想要吃奶，上下擺動手代表希望洗澡等等。

這是從先天嬰兒語言中總結出來的人造嬰兒手語，將這套手語傳授給嬰兒，已在美國成為一項產業。積極的研究成果顯示，如果讓嬰兒學習這套手語，並鼓勵他們早期主動與人交流，孩子在三歲時的語言能力可能達到四歲程度，而在八歲時的智商可能會高於平均水準。

新生兒使用嬰語只有一兩年的時間，在此期間要不要專門教孩子一套手語，人們對此還存在著爭議。不過，學習嬰語對年輕父母來說是必需的。未來社會將與當今社會一樣保持低生育率，如果父母還在實踐中慢慢總結嬰語的話，恐怕等他們弄清楚之時，孩子也長大了。所以，在母親孕期甚至更早提前學習嬰語，會讓父母迅速進入角色，掌握育兒技巧。

未來，全新的嬰語教師將會閃亮登場！

09 職業家長

　　筆者在大學期間攻讀教育學專業。同學們聊天時，經常感慨有些家長的水準太差。開車需要考駕照，生孩子卻不用。大家每提及此事，都覺得深感遺憾。不過在將來，生兒育女很可能變成職業，而且要先考一張生育資格證。

　　發生這個變化的原因，是全社會的技術進步。古代人沒有節制生育，但死亡率高，人口增加緩慢。現代社會醫療、營養等條件全面提升，嬰幼兒死亡率大幅下降，而且高出生率往往會持續幾代人。於是，各國都有一波人口生育高峰。像是非洲仍處於生育高峰當中。

　　然而，隨著人們的生活越來越富裕，現代社會保障體系的日益完善，新一代年輕人的生育願望卻大為下降。從日本到俄羅斯，低出生率都是大問題。處於兒童時期的人口數將長期少於處於中老年時期的人口數。

　　低出生率或者負出生率的國家已經開始用一些政策刺激生育。在「超低生育率國家」韓國，政府會給生得多的母親經濟獎勵。日本於 2019 年開始實施「兒童津貼」政策，每月向每名兒童提供約新臺幣 4,500 元的津貼，同時減免幼稚園費用，全面介入支援兒童的撫養。法國政府為一個家庭的第三胎提供每個月 900 歐元左右的資助，直到孩子年滿 18

歲。在地廣人稀的加拿大，母親在臨產前 8 個星期就可以領
津貼。孩子生下後，孩子出生後，父母都能夠領取一段時間
的育兒津貼，金額大約等於他們薪水的一半。

　　鼓勵生育的方法越來越多，相信未來會在某個低生育率
國家出現轉捩點 ── 生孩子領到的錢等於薪水。於是，便會
有一部分年輕人選擇在家當父母，把生兒育女當成職業。

　　其實，歷史上曾經有過職業母親的嘗試，那就是 SOS 兒
童村，是由奧地利的赫爾曼・格邁納爾在 1949 年創辦的慈善
機構。兒童村由 15 ～ 20 個獨立住宅組成村落。每宅一家，
由 6 ～ 8 名不同年齡、性別的兒童組成，他們互稱兄弟姐妹，
由一名單身婦女當「媽媽」。在那裡，母親不是生理身分，
而是社會職業。

　　不過，SOS 兒童村的合約規定，職業養母不能結婚，也不
能生育自己的孩子。未來的職業家長則正好相反，他們透過生
孩子向政府領取報酬。當然，他們的同齡人中也有人會選擇不
婚不育，專心創造財富，形成「造人」和「造物」的分工。

　　目前，已開發國家所提供的育兒津貼尚未足以吸引本國
普通年輕人，一些移民則利用政策漏洞大量生育子女，但卻
可能缺乏教育子女的能力。一旦育兒補助金相當於或超過平
均薪資，原住民的下一代可能會將生育視為一種職業。

　　在未來，也有可能出現某些國家實施考核制度的情況，要
求成年人具備撫養孩子的知識和能力，才能成為合格的父母。

10 高危職業 ── 基礎課堂教師

　　最後說到的這個高危職業，已經陪伴了幾代臺灣人。然而，它也即將退出歷史舞臺，這就是中小學裡講基礎課的課堂教師。

　　這不是個標準術語，它有兩層含義。首先，這些教師所講授的是基礎知識，可能在數十年或甚至數百年間都不會有太大的變化。對學生而言，學習基礎知識就是被動吸收資訊的過程，類似於查字典。第二，這些教師主要是在學校裡進行課堂講解，這是他們主要的工作內容。雖然教師也需要準備課程、批改作業、管理考試以及與家長溝通，但所有這些工作的核心仍然是在課堂上傳授知識。因此，一些人可能會認為，教師的全部工作就是在課堂上講課。

　　為什麼一定要安排真人講課呢？這種教學模式形成於工業革命時期。雖然當時已經有印刷術，但是紙張昂貴，無法將詳細的教材通通印刷出來，再加上學生的閱讀能力有限，於是，就只印刷大綱重點的教材，然後由教師在課堂上進行詳細講解。

　　200 多年來，「照本宣科」式的教學是很多中小學教師的常態。現在，許多尚未到達學齡的孩子已經熟練使用「觸控螢幕」，學生遇到問題時常常會透過網路搜尋。如果教師仍

只是講解固定的知識點，效率已經大幅落後。

　　教師僅透過講課方式傳遞知識存在一些弊端。首先，無法因材施教。過去的「照本宣科」時期常與各國的高生育率重疊。我小時候在農村讀書，學校班級規模達六七十人，教師一整年都難以熟識所有學生，因此無法進行因材施教。這也是「照本宣科」的其中一個原因。現今，新生兒數量減少，但教學機構並未減少，班級規模逐漸縮小。如果教師仍以講課為核心，則可能顯得有些浪費。其次，教師水準參差不齊。

　　既然學習基礎知識類似查字典，那麼「AI 教師」的水準肯定超過所有教師了。這是蒸汽時代不存在的技術。現在已經出現了類似「雨課程」的教學軟體。這些軟體不僅能夠迅速呈現知識，還運用大數據技術，能夠針對每個學員的情況解決具體問題。

　　與導航軟體一樣，這類軟體無論服務多少名學生，都能夠實現個性化教學。此外，教學軟體不會產生情緒，學生也不會因為討厭某位老師而偏好某個科目。

　　由於程式和語言的關係緊密，現在的教育軟體還集中於中文和外語教學。將來，教學軟體會延伸到中小學所有的基礎課程。然而，全國中小學教師的數量還在增加，如果「基礎課堂教師」消失，這些人該怎麼辦呢？其實，上面所述已經指出了他們未來的發展方向 —— 新職業培訓專家、網路教

師、行為教練、研究學習導師、考場管理員，他們可以轉行
到任何一個職位，以新的身分從事教育。

　　你沒有機會在這種學校就讀，也許你的孩子會趕上！

尾聲

我住在鋼鐵公司的家屬宿舍裡，周圍都是退休的鋼鐵工人。曾幾何時，鋼鐵是首屈一指的產業。現在，程式設計師取代了鋼鐵工人，成了非常熱門的職業之一。

有多少鋼鐵工人轉行到電腦公司呢？估計很少，新職業往往是留給下一代的。我為今天的中學生寫了這本書，便是基於這樣的理由。

01 技能傳承員

　　筆者有一位朋友，專攻科技史，後來進入科技館工作，負責復原和展示古代生產工具。他不僅僅能「紙上談兵」，而且真的會其中的一些技能，比如用手工方法來造紙。

　　根據統計，隨著社會加速發展，每經過一代人，就有40％的技能失去作用。比如，有一個職業稱為「爐前工」，是古老鋼鐵工廠中的核心工作，用鋼針撥去鋼水中的爐渣，成為鋼鐵工業的象徵。由於需在高溫環境下工作，當時，爐前工的薪水是最高的。然而，現代冶金廠已實現了自動化，這個職業已經退出了歷史舞臺。

　　又比如，隨著黏土磚等傳統建築材料退出舞臺，「瓦工」這個行業也消失了。現在還有瓦工技能的人，最年輕也都有四十多歲。

　　不僅生產技能在消失，傳統的生活技能也在逐漸消失。例如生火爐、縫補衣服，甚至居家烹飪和用筆書寫。

　　當然，與此同時會有很多新技能產生。所以，我們的社會財富並未下降。然而，那些舊技能就此讓它們消失嗎？它們的消失無論是對文化傳承，還是對考古研究，都是不利的。隨著考古技術的進步，以及虛擬實境技術的普及，重現過去的工作場景已變得不再困難。然而，技術並非實質的物

品，雖然我們可以設置一部紡車，挖掘一個酒窖，但那些傳統技能並不能因此復甦。

目前有一個稱為「非物質文化遺產」的概念，指的是那些已經消失或即將消失的傳統技能。主要涵蓋了傳統工藝技藝和傳統藝術。要保護這些傳統技能，最重要的不僅僅是透過文字和影像來記錄，更需要保護那些具有這些技能的人，讓他們以實際行動記錄傳統技能，並將其傳承下去。

這些人叫做文化傳承人士。他們以前可能是某個傳統行業的從業者，由於這些行業即將消失，他們已經很難憑藉著相關技能養活自己。於是，國家發放補貼給確認的文化傳承人。也許這筆錢並不夠他們的所有開支，但是至少讓一些人能因保有傳統技能而有收入。

許多文化傳承者的年齡較長，教育程度較低，而且許多人對於自身技能雖能掌握，卻不太了解其背後的原理。因此，未來可能會有一批專注於科技史領域的學生，成為專職的技能傳承者，他們的主要目標是為科學研究服務。這些人可能會同時精通多項技能，並能夠從學術角度深入理解其意義。

想像一下，隨著語音輸入技術的不斷提升，可能在幾代人之後，一般人將不再使用鍵盤。到那個時候，可能只有專業的技能傳承者仍會使用它。

02 未來學家，最後一個新職業！

有人會問：「你這些知識都是從哪裡來的？」

我的答案是：未來學家。所以，本書最後一個新職業就是未來學家。

如果你生活在 40 多年前，你可能會聽到一些如雷貫耳的名字：艾文·托佛勒（Alvin Toffler）；會看到一些比武俠小說更流行的書：《未來的衝擊》、《第三次浪潮》、《大趨勢》等。

當「未來已經來臨」成為口號時，未來學卻成了冷門的領域。

未來學的職能是研究宏觀趨勢，為政府、企業和非商業機構提供幫助。一般來說，未來學以未來的 5 年為研究下限，短於 5 年的未來屬於具體計畫，不在未來學的研究範疇。

比如開發商看中一塊地，決定要在幾年裡建成並發售，這就是具體計畫。但是，這塊地所在城市未來會有怎樣的發展趨勢，卻不是他能夠確定的，那是一個整體趨勢，需要專門研究。

又比如，一個高中生肯定會參加學測，這屬於具體計畫。但在幾年後從事哪種職業更好，卻不是他能夠計劃的，得要考慮社會的發展趨勢。

在未來學的研究中，通常會專注於二三十年的時間範圍內，這段時間內的未來趨勢可以透過資料推導來預測。然而，遠離這個時間範圍的未來由於變數眾多，屬於哲學思辨的範疇。

如此看來，未來學並不神祕，從古代就有。諸葛亮的〈隆中對〉，孫中山的《建國方略》都屬於未來學範疇的中期趨勢研究。近代未來學發端於英國作家威爾斯的演講，名叫〈科技進步對人類社會的影響〉。1943 年，德國學者弗萊希泰姆最早提出「未來學」概念。到了 1967 年，世界未來學會在挪威奧斯陸召開第一次年會，象徵著這門學科的成熟。

在小農時代，哲學家和文學家們討論著未來，但尚未有專門的未來學領域。進入 20 世紀，科技對社會影響日益明顯，人們開始將科技進步視為社會變革的主要驅動力。因此，技術決定論逐漸興起，成為未來學的基石。

未來學者專注於探討當今科技的前沿，從中尋找可能影響未來幾十年的新發明，然後進行預測。例如，像是 1980 年，托佛勒就預測到由於資訊技術的進步，未來會有許多人選擇在家工作。

可惜，進入 1990 年代後，未來學界既沒出名人，也沒出名著，更缺乏新成果，本身都快被人們遺忘。但這並非是社會不需要。今天的公眾比任何時候更需要關注未來，並且因為不清楚未來發展趨勢而感到焦慮。

　　因此，未來學將以更加成熟的姿態重新出現，並為普通人提供服務。尤其對於青少年而言，你們的人生將在十幾年後達到巔峰，未來學將協助你們提前規劃好人生的起始點。

　　或許，你們將來也能擔任未來學家，去為你們的下一代服務。

電子書購買

爽讀 APP

國家圖書館出版品預行編目資料

未來職場，AI 時代下的「高危」職業！模擬
2050 的上班族：律師、外科醫師、程式設計師……
很快就要退場？趨勢專家談大數據與人工智慧如
何「轉型」未來 / 鄭軍 著 . -- 第一版 . -- 臺北市：
崧燁文化事業有限公司 , 2023.11
面；　公分
POD 版
ISBN 978-626-357-778-7(平裝)
1.CST: 職業 2.CST: 職業介紹 3.CST: 資訊社會
542.7　　　112017208

未來職場，AI 時代下的「高危」職業！模擬 2050 的上班族：律師、外科醫師、程式設計師……很快就要退場？趨勢專家談大數據與人工智慧如何「轉型」未來

臉書

作　　者：鄭軍
發 行 人：黃振庭
出 版 者：崧燁文化事業有限公司
發 行 者：崧燁文化事業有限公司
E - m a i l：sonbookservice@gmail.com
粉 絲 頁：https://www.facebook.com/sonbookss/
網　　址：https://sonbook.net/
地　　址：台北市中正區重慶南路一段六十一號八樓 815 室
Rm. 815, 8F., No.61, Sec. 1, Chongqing S. Rd., Zhongzheng Dist., Taipei City 100,
Taiwan
電　　話：(02) 2370-3310　　傳　　真：(02) 2388-1990
印　　刷：京峯數位服務有限公司
律師顧問：廣華律師事務所 張珮琦律師

定　　價：375 元
發行日期：2023 年 11 月第一版
◎本書以 POD 印製
Design Assets from Freepik.com